学衡尔雅文库

主编 孙江

南京大学文科"双一流"专项经费资助

孙宏云 著

政治学

Political Science

江苏人民出版社

图书在版编目(CIP)数据

政治学 / 孙宏云著. — 南京：江苏人民出版社，
2024.10

（学衡尔雅文库 / 孙江主编）

ISBN 978-7-214-28769-4

Ⅰ. ①政… Ⅱ. ①孙… Ⅲ. ①政治学 Ⅳ. ①D0

中国国家版本馆 CIP 数据核字(2023)第 217874 号

书 名	政治学
著 者	孙宏云
责 任 编 辑	曾 偲
特 约 编 辑	王暮涵
装 帧 设 计	刘 俊
责 任 监 制	王 娟
出 版 发 行	江苏人民出版社
地 址	南京市湖南路 1 号 A 楼,邮编:210009
照 排	江苏凤凰制版有限公司
印 刷	南京爱德印刷有限公司
开 本	850 毫米×1168 毫米 1/32
印 张	7.5 插页 6
字 数	148 千字
版 次	2024 年 10 月第 1 版
印 次	2024 年 10 月第 1 次印刷
标 准 书 号	ISBN 978-7-214-28769-4
定 价	48.00 元(精装)

（江苏人民出版社图书凡印装错误可向承印厂调换）

回看百年前的中国，在 20 世纪之初的十年间，汉语
世界曾涌现出成百上千的新词语和新概念。有的裔出
古籍，旧词新意；有的别途另创，新词新意。有些表征
现代国家，有些融入日常生活。

本文库名为"学衡尔雅文库"。"学衡"二字，借自
1922 年所创《学衡》杂志英译名"Critical Review"（批评
性评论）；"尔雅"二字，取其近乎雅言之意。

本文库旨在梳理影响近现代历史进程的重要词语
和概念，呈现由词语和概念所构建的现代，探究过往，
前瞻未来，为深化中国的人文社会科学研究提供一块
基石。

目录

前言

一、 何谓政治学?

政治学是什么? 政治学研究的范围、核心和本质是什么? 对于这样的一些问题,历来众说纷纭,所以无论在西方还是在中国,我们都能看到"政治学"概念的历时性变化与共时性差异。 在西方,牛津大学政治学元老阿兰·瑞安(Alan Ryan)历经 30 年的心血之作《论政治》一书,纵论从希罗多德到当代约 2500 年来人们对"人如何治理自己"这个问题提出的各种回答。 也许在他看来,政治思想的核心问题就是思考人究竟有没有管理好自己事务的能力,人们如何能更好地治理自己。 这样的问题也是政治学致力于解答的问题。

在中国,让我们先来看看晚清民国时期国人对政治学的一些定义。

> 政治学分为二种，一曰国内政治学，一曰国外政治学。国内政治学者，所以考求一国国内之政事，即所谓国法学也；国外政治学者，所以考求国与国相关之政事，即所谓国际学也。而其间国内政治又分为宪法学、行政学二种，国外政治又分为国际公法、国际私法二种。（杨廷栋，1902 年）
>
> 政治学者，研究人类政治活动及其政治组织者也。（钱端升，1925 年）
>
> 以政治现象为研究对象，用科学的方法达到从混沌的政治现象中抽出因果关系法则的目的之学，便是政治学。……一阶级对于其他阶级之强力的支配底活动与现象，即是所谓政治活动与政治现象。这种政治现象，便是政治学所要研究的惟一对象。（邓初民，1929 年）
>
> 政治学是研究人类求生存的原理和原则——在静的方面，努力物质的创造，在动的方面，阐明精神的发扬：以充实人类的生活和延续人类的生命，并进而理解国家结构和社会进化的因果律的科学。（蒋静一，1935 年）

以上关于政治学的四种定义分别出自杨廷栋、钱端升、邓初民、蒋静一的著述，其中最早提出者与最晚提出者相距 30 余年。每种表述，仅字面而言即有不小的差异，更何况其言下之意以及与之相关的学术背景。那么，如何解读这些定义、其间的差异及其由来呢?

　　众所周知,中国古代是没有单独的分科意义上的政治学,所谓"政治学"是从西方和日本传入的概念和知识体系。 那么,随着西方政治学传入中国,中国人如何逐步树立政治学的学科意识? 政治学的概念是怎么形成的? 之后又发生了哪些变化? 在此形成过程中,中国自身的知识如何被附加于西方的知识或者说西方的知识在中国语境中发生了怎样的异化而生成了新的解释? 下面的事例即可反映上述问题。

　　1917 年,无政府主义者吴稚晖致函《太平洋》杂志记者,认为"政治"和"非政治"都是人类社会的阶段现象,"应分枝而各为科学之一种", 研究政治者已有政学 (Political Science),而"今日非政治之群法,则尚有术无学,故社会主义、无政府主义,皆曰主义而已,不成其为学也"。 因此,他希望谈主义者亦"能综学而言政术","以政学治非政学"。① 张一湖随后亦致函《太平洋》记者,就吴稚晖的观点加以辩正,谓:"先生之意,似以社会主义、无政府主义即为'非政治'。 ……吾人今既谈学,凡于学之用名,当不为吾国旧名含义所蔽。 以吾国旧名释'政治'二字,则政者正也,以上之正,正下之不正。 治者,以权力加诸人之谓。 故一举'政治'二字,即含有智愚贤否上下等差之观念,再系以'学'之一字于其下,则所谓政治学者,遂为一种治民之学,

_____

① 吴敬恒:《以政学治非政学》,《太平洋》第 1 卷第 2 号,1917 年 4 月 1 日。

在抱社会主义、无政府主义者，断断不喜有此学。然舍吾国政治二字之旧义，而取今世科学上所用政治之名 Politics 所含之义，则先生所举 Political Science 者，决非吾国所谓治民之学，含有智愚贤否等差之概念，今日定 Political Science 之界说最普通者，曰 Science of the State。……故今世所谓政治学者，即可谓为国家学，社会主义与无政府主义者不认今世之国家为人群相偶最良之方式，故不认今世之国家为将来可守之方式，然将来苟有人群，必仍有其相偶之方式，特其方式不同于今日之方式耳。国家特相偶方式之代名，将来仍有相偶之方式，亦即仍有相偶方式之代名，纵不用今名，必仍有一名以名之，实之变易，无与于名，名之变易，亦不掩其实。"故将来群体组织，虽如何变迁，不能无 polity，即不能无 Politcal（Political）Science。决不能去此而别有所谓非政学也。"①

张一湖虽未准确理解吴稚晖的意思，但他的这番言论涉及中国传统的"政治"含义，西方的 Politics、Political Science 的普通界说，中国传统政治观念对西方政治学的误解，西方政治学面临社会主义与无政府主义批判的危机以及未来无国家时代人群相处的可能方式。其中亦谈到政治学概念的名与实，以下就此问题略作延伸。

---

① 张一湖：《政学与非政学——致太平洋记者》，《太平洋》第 1 卷第 3 号，1917
　年 5 月 1 日。

二、 事实、概念与词语

定义是概念或者说是形成概念和表达概念的手段，对政治学进行定义也就是对政治学的本质属性的认识与概括，并以语词形式加以表达的过程。 而政治学本质上是一套关于政治的知识体系，其最为基本的组成部分就是政治概念以及在此基础上形成的命题和理论。 从这个意义上讲，政治学是由诸多政治概念作为基石所构建起来的学科大厦，其中"政治"这个概念是最基本的，此外还有如民族、国家、主权、政府、议会等概念，而"政治学"可谓是诸政治概念的集合概念。 长期以来，人们对于"政治"和"政治学"概念有各种解释和争论，也有许多相关的概念史研究。

何谓概念？《辞海》解释如下：

反映对象的特有属性的思维形式。人们通过实践，从对象的许多属性中，抽出其特有属性概括而成。概念的形成，标志人的认识已从感性认识上升到理性认识。科学认识的成果，都是通过形成各种概念来总结和概括的。表达概念的语言形式是词或词组。概念都有内涵和外延。内涵和外延是互相联系、互相制约的。概念不是永恒不变的，而是随着社会历史和人类认识的发展而变化的。①

由此可见，在概念的形成过程中存在着客观对象（事实）、认识主体（人）、概念、词语等不同层次的因素或形态，每一种因素或形态都可能是变量，因此会形成多种对应关系。

首先，概念与事实。科塞雷克（Reinhart Koselleck）在《概念的历史与历史的概念》一文中指出，单就逻辑而言，只有四种可能性能够成就概念与事物的轮替变化，概念史"的任务之一，便是分析历史进程中出现的概念与事实的吻合、偏移或抵牾"②。

其次，概念与词语。语言学者葛本仪认为概念与词（语）不同而又是有联系的。"概念是对某一类客观对象的概括反映，它反映了科学在一定发展阶段上所认识的某一类客观对象的一般的和本质的特征的全部总和，以及这些特征的一切复杂的联系和关系。概念是人们对客观世界中的事物、现象和关系进行认识而产生的思维成果，它是属于思维范畴的。""词是表示概念的外部形式"，"词和客观对象之间没有必然的联系，用什么样的词表示什么样的客观对象和概念都是任意的，是社会约定俗成的。所以，同样的概念，不同的民族语言可以用不同形式的

① 夏征农、陈至立主编：《辞海：第六版彩图本》，上海：上海辞书出版社 2009 年版，第 667 页。
② 方维规：《什么是概念史》，北京：生活·读书·新知三联书店 2020 年版，第 155—157 页。

词来表示，同一民族语言也可以用不同形式的词来表示"。①

总之，科学认识的成果，一般都是通过概念加以概括，并以词语表达的方式来呈现和积累，故概念群的形成是学科建立和理论学说系统创制的前提。

需要说明的是，"概念"也是一个概念，凡属概念，就会有针对同样对象的不同的认识和阐释，而以相同的或不同的词语来指称，这种情况的发生既是历时性的也是共时性的，因此"概念"就存在着两种历史，一是作为概念的历史，一是作为词语的历史。 孙江在一篇文章中简要梳理了源自拉丁语conceptus 的 concept 一词 19 世纪初以来在中国与日本的对应译词和被理解的各种情形，展现了 concept 在近代东亚的概念史和词语史两方面的历程，同时也提示这两个方面尽管密切相关，但是研究的进路和方向可能正好相反。

据此，所谓"政治"也有二层指向，一是指从对客观对象的思考中所抽象出来的概念。 这样的客观对象分布于不同的时空中，在古希腊是有关城邦治理和秩序的问题，在中国先秦时期则是有关邦国与宗法的关系问题。 这些存在于不同时空的客观对象之间是否具有可以化约的共同的本质要素，比如是否都必须进行公共事务的决策，是否都有统治权力的竞逐、维护、分配与转移等情况。 如果有，那么基于这些客观对象的共同本质所抽象

---

① 葛本仪：《现代汉语词汇学》（第 3 版），北京：商务印书馆 2014 年版，第 117—118 页。

出来的概念就是这里所讲的"政治"的第一层指向，亦可称之为内在指称。至于这个概念的名称叫什么则因时因地而异，在法国是 politique，在德国是 politik，在英国是 policey、politicke 或者 politics，在中国是"政"或"政事"，在日本是"经国济民之术"或マツリゴト，在朝鲜语中是 정치，越南语用 chính trị ……形形色色，而以汉字作为标识符号的"政治"亦只是其中一种。但是为了便于比较研究和进行跨文化理解，必须使用一个对应于概念的通称的词，否则将无法表达。这个作为词来使用的"政治"，即此处所说的"政治"的第二层指向，相应地可称之为外在指称。外在指称（词）实为内在指称（概念）的语言外壳。

同理，"政治学"既是一个概念也是一个词，或者说是用汉语词"政治学"表记的一个学科概念。在钱穆看来，中国古代虽"不有政治学一名"，却最重政治，"孔子儒家之学以心性为基本，治平为标的，一切学问必以政治治平大道为归宿"，"故非兼通四库，略知中国文化大义，即不能通知中国之政治"。① 就此而言，古代中国也有关于政治的抽象认识和政治之学，只是没有"政治学"之名。然而，钱穆等人所说的"政治"究竟具有何种含义？而"政治学"这一词语又是如何出现的？它产生的语境是什么？对应的是怎样的概念？诸如此类的问题均非不证自明，须在历史的脉络中探究。

---

① 钱穆：《中国现代学术论衡》，北京：生活·读书·新知三联书店 2001 年版，第 195—215 页。

三、 概念史及其研究方法

何谓概念史？ 如何研究概念史？ 国内外学者在这方面已有很多论述和研究实例。 德国概念史家科塞雷克说："20 世纪50 年代以来，人们用'概念史'（conceptual history）来指代历史科学研究中的一种设想。 它不再把语言视作所谓真实性的附带现象（即卡尔·马克思所言，'存在决定意识'），而是认为，在对世界或社会不拥有任何体验与知识的前提下，语言是在方法论上不可追问的最后要素……对于概念史而言，语言一方面是此前已被发现的'事实'的指示器，另一方面又是发现这种事实的因素。 概念史既非'唯物主义的'，又非'唯心主义的'。 它关注的问题既包括哪些体验与实情被带入到概念中，又包括这些体验或实情是如何被概念化的。 在这一意义上，概念史斡旋于语言史与事件史之间。 它的任务之一就是分析历史进程中所产生的概念与实情之间关系的一致性、偏移性或差异性。"①

方维规教授在他的一系列著作特别是《什么是概念史》一

---

① ［德］斯特凡·约尔丹主编：《历史科学基本概念辞典》，孟钟捷译，北京：北京大学出版社 2012 年版，第 20 页。

书中，对概念史的历史、派分及其新近发展与未来走向作了系统扼要的解说："一般而论，概念史、观念史或关键词研究，都可用'历史语义学'来称谓。"概念史作为历史语义研究的一个范式，主要围绕概念—词语—事物讨论问题，"关注一些特殊的、重要的词汇，既审视语言符号的形式又探究其语义和作用，并在这两个层面上描述和勾勒一个概念的常态、断裂及其变化"。概念史"率先在德国登上学术宝座并获得国际声誉"。在德国，概念史研究的旨趣、方法和价值充分体现于主要由科塞雷克领衔编纂的《历史基本概念》，其"主导思想是，通过查考概念的变迁来解析旧世界的解体和新世界的诞生，不仅呈现历史上的概念界定，而且竭力重构与之相关的经验场域"。①

在每个国家的历史经验中，可能都存在着某种前后状况迥异的过渡期，科塞雷克称之为"鞍型期"（Sattelzeit）。"鞍型期"的一个引人注目的现象是许多中心概念的诞生，即某些概念从其多样性（复数）向单一性（单数）的过渡，经历了不断抽象的不同阶段，使新旧含义附着于同一个概念，或者旧词义退场，新内涵出现。科塞雷克称之为"复合单数"。科塞雷克强调要把"基本概念"或"主导概念"作为概念史的研究对象。"基本概念连通各种经验和期待，从而成为特定时代最迫切的焦点问题"，因此必须"厘定它们的多重含义、内在矛盾及

---

① 方维规：《什么是概念史》，北京：生活·读书·新知三联书店 2020 年版，第 18—27 页。

其在不同社会阶层的不同应用";"关键是把握概念网络中的大概念、下属概念、对立概念等各种概念之间的关系,以揭示概念的内在语义结构。唯其如此,固能彰显一些特定概念的建构能量,否则无法真正理解文本或语境"。[1]

概念史与社会史的关系是科氏史学方法思考的中心点。科氏的著名信条是,"历史和社会基本概念不仅是社会和历史发展的'表征',而且是能够直接影响历史变化的'因素',概念本身就是历史发展的动力之一"。[2] 在他看来,任何历史都是由行动之人的经验和期待构成的,政治和社会的基本概念,都蕴含着过去的经验、现在的体验和对未来的期待,这就生发出科氏分析概念时所依托的两个重要范畴:"经验空间"与"期待视野"。近代以来,经验和期待之间的差距越来越大,许多概念的经验内涵逐渐减弱,塑造现实的政治诉求越来越重。概念具有记录经验和催生经验的功能,因此就有事实在先、概念在后与概念在先、事实在后两种现象。科氏将前者称为"表征"(Indikator),是记录时代变迁的显示器;后者叫作"因素"(Faktor),通过利益交关的语言行为来重新评价和谋划现实,是推动历史或塑造历史的能量动力。[3]

---

[1] 方维规:《什么是概念史》,北京:生活·读书·新知三联书店 2020 年版,第 138—139 页。

[2] 方维规:《什么是概念史》,北京:生活·读书·新知三联书店 2020 年版,第 152 页。

[3] 参见方维规《什么是概念史》,北京:生活·读书·新知三联书店 2020 年版,第 172—178 页。

方维规不仅归纳了以科塞雷克为代表的德国概念史的基本内容和关键概念，也指出其研究进路及其局限。"科氏概念史方法，旨在从概念的含义变化入手，厘清过去的历史经验。"[①]"从词语入手考析概念，并从历史沉淀于特定概念、储存其中的历史经验之可描述性的理论预设出发，专注于经过历史考验而流传下来的概念，显露出两个系统上的盲点：它既排除了那些不以特定概念（或对立概念）为依托的知识，又舍弃了其他语言表述所传达的知识。"[②]德国概念史研究方法应用的背景主要是德国的历史文化和社会政治经验，但是在其他国家或地区的历史语境下，德国概念史的理论和方法是否还适用？不少学者对此问题都有所思考。其中，孙江肯定了德国概念史研究方法能够成为诠释中国"近代"的方法，但同时强调中国以及东亚的历史传统和近代语境。

孙江曾言"裔出德国的概念史告诉我们，每一种文化都有自己的概念史"，并以法国汉学家于连所著的《势：中国效力的历史》以及中国台湾学者张寿安的论文《专门之学：钩沉传统学术分化的一条线索》为例，指出"于连和张寿安的研究分别揭示了与西方现代知识相对应的中国知识叙述的可能性"，但是"与德国不同的是，中国的概念史研究还具有跨文化特质，

[①] 方维规：《什么是概念史》，北京：生活·读书·新知三联书店 2020 年版，第145 页。

[②] 方维规：《什么是概念史》，北京：生活·读书·新知三联书店 2020 年版，第37 页。

这是德国概念史未曾尝试过的"。 16世纪以降，在中国和日本分别出现了一个被称为"翻译文化"或"跨语际实践"的时代，并且中日之间还经历了以汉字为媒介的"概念旅行"。 概念史研究所依据的材料主要是文本，文本当然也有很多种，包括翻译文本、教科书等。 "与概念和文本相关的制度研究也是不可或缺的。"因此，"概念、文本、制度是展开中国概念史研究的三个切入口，其他还有诸如'文体'、'图像'等路径可寻"。①

借鉴德国的概念史，自然无法绕开科塞雷克提出的衡量"历史性基础概念"（方维规译作"历史基本概念"）的"四化"标准——民主化（Demokratisierung）、时代化（Verzeitlichung）、可意识形态化（Ideologisierbarkeit）、政治化（Politisierung）。 孙江认为科氏提出的这个"四化"标准只能适用于他所界定的"鞍型期"，不可随意套用到中国研究上，并对其进行修正，提出了研究中国概念史的"四化"标准——标准化（standardization）、通俗化（popularization）、政治化（politicization）、衍生化（derivatization）。②

19世纪中叶以降，东亚地区受西方列强势力的强烈冲击，形成一个类似于科塞雷克所谓的"鞍型期"，学术界早就以多

---

① 参见孙江《序：概念、观念史与中国语境》，载孙江、刘建辉编《亚洲概念史研究》第1卷，北京：商务印书馆2018年版，第1—10页。
② 参见孙江《重审中国的"近代"：在思想与社会之间》第12章，北京：社会科学文献出版社2018年版。

种视角和方法对这一段历史展开研究。 除了较为老套的思想史范式，还有受洛夫乔伊的"观念史"、威廉斯的"关键词"以及以波考克、斯金纳等为代表的剑桥学派等各种研究范式影响的进路。 冯天瑜先生则希望接续传统的训诂学，提倡"历史文化语义学"的研究路径，并著《"封建"考论》以为示范。 类似方式的研究也体现于黄兴涛的《"她"字的文化史》《重塑中华：近代中国"中华民族"观念研究》以及金观涛、刘青峰的《观念史研究：中国现代重要政治术语的形成》。 尽管各有说法，但是按照方维规对"历史语义学"的理解①，这些著作基本上都可以归属历史语义学的研究范畴。

历史语义学通常聚焦于词语，但概念不等于词语，因此若以词语为线索来钩稽概念难免存在局限。 斯金纳曾批评威廉斯不能清楚地区分词语和概念——他以威廉斯讨论"自然"这个词语为例，说弥尔顿认为诗人的原创性极为重要，但他从未使用过"原创性"（originality）一词，这个词在弥尔顿死后一百余年也未出现于英语中。② 从历时性角度来看，尽管尚未出现后来较为固定指代某一概念的词语，但是这个概念早已存在。 在共时性方面，同一概念可能表现为多个不同或近似的词语。 如五四时期，民主（democracy）概念就有"民主""民权""平民

---

① 参见方维规《历史的概念向量》，北京：生活·读书·新知三联书店 2021 年版，第 522 页。

② 参见方维规《历史的概念向量》，北京：生活·读书·新知三联书店 2021 年版，第 496 页。

主义""庶民主义"等多种指称或译语。 如果对此不察,仅以
"民主"一词检索数据库,进而分析其出处文本乃至语境,所
得结论终究还是片面的。 这也是方维规批评科塞雷克从词语入
手考析概念这一方法的局限所在。 反之,名词相同而言人人殊
的情形也比比皆是。 对此,桑兵颇有警示:"应当探究历史以
把握概念,而不要以概念勾连历史。 前者注意物事和概念渊源
流变的错综复杂,通过梳理所有的史事把握概念的发生衍化以
及约定俗成,后者则假定古今中外能够一以贯之,由名词连缀
史事。"①

由此看来,研究政治学概念史应避免使用通过检索"政治
学"并以此勾连排比片段史料的方法,就像研究文学概念史不
应首先从"文学"入手一样,因为这个译名是后出的。 如果对
"政治学"这个译名往前追溯,那么它有可能是指我们后来所
理解的法学知识领域,就像《文学兴国策》(1896 年)中的"文
学"其实是对应于"education"。 因此,如果从后来人们对于
某一学科关涉对象的普遍共识来说,研究法学史反而要追溯到
"政治学",研究教育概念史反而要追溯到这里提到的"文
学";同样的道理,研究政治学也只能从关于政治学研究对象
的宽泛概念出发往前追溯,看看早期的人们是如何认识与谈论
关于政治的话题。 但是这样一来也将面临从何入手的问题,如

---

① 桑兵:《循名责实与集二千年于一线——名词概念研究的偏向及其途辙》,《学
术研究》2015 年第 3 期。

前文提及钱穆认为中国儒家之学必以政治治平大道为归宿，非兼通四库，即不能通知中国之政治，那么如何能够从如此广大的知识思想仓库里提炼出中国古代的政治学概念呢，还有应该如何确定提炼的标准呢？

其实，无论是德国的概念史还是剑桥学派的政治思想史研究，或者是法国的"话语分析"，都有各自的方法论前提，也不可避免彼此互视的局限性，但都应成为我们学习与参考的对象。比如，剑桥学派重视文本、语境和修辞的综合分析，对于习惯于考索主要思想家的经典文本是一大突破，而概念史关于"表征"和"因素"的分别则提示我们既往的研究过于关注概念（更多是等同于名词）的语义纷歧及其变化，也即其"表征"或"显示器"的一面，而较为忽视概念的"因素"一面。鉴于此，以下各章的论述力求贯通史实，并在此基础上把握政治学概念变迁过程中出现的各种指称及其含义。

第一章

汉语『政治学』的起源及其初期含义

作为一种类型知识的政治学虽然源远流长，但是作为政治学概念的语言外壳之一的"政治学"在中国出现较晚，直至1897年底，时人所用与政治之学相关的词汇有"政""政事""政学""政书""政治学院""治事""经济""世务学""波立特"等，几乎还见不到"政治学"一词。梁启超在主编《时务报》和执教湖南时务学堂时期也多使用"政学""宪法学""掌故"等词，甚至到清廷重启改革，即清末新政之际，流行的话语还是"政""艺"并举。由"政"推及"政治之学"或"政学"，而"政"分中外，故有"西政"之称，于是也衍生出"中国政治之学"和"西国政治之学"，然而"政治学"一词仍不流行，大概在《奏定学堂章程》颁布之后随着各地高等学堂和法政学堂陆续开办才得以普及。那么，作为汉语新词的"政治学"源自何处？如何传入中国？传入之初的"政治学"所呈现的主要内容是什么？

一、 西学东渐与表述政治概念之语词

自康熙禁教以后，雍乾两朝相沿不改，直至鸦片战争爆发前夕，闭关锁国的状态才开始逐渐被打破，西方文化接续明季再度输入中国。 一般认为，从马礼逊（Robert Morrison）1807年来华传教拉开晚清西学东渐的序幕，直至 20 世纪初留日学生成为间接输入西学主力的近百年时间里，可以说传教士扮演了向中国输入西学的主要角色。 传教士通过办校、办报、出版等多种途径，在传教的同时，也将西方的政治知识介绍到中国。此外，中国驻外使臣也将他们对于西方国家的政治见闻笔录口传，成为输入西学与西政的又一渠道。

晚清中国人对西方世界包括政治的认识是从舆地知识开始的。① 由于新教传教士以英美籍为主，对西方政法知识的介绍自然就置重于英美两国。 1819 年在马六甲出版的《地理便童略传》如此介绍英国之朝政："首有国君与各部治理国内之事。下谕出战、约和、建城、军需、铸钱、封官、定生死罪等事，皆归君主意，惟设新律、重粮税，此不归君自定也。 惟国内有两

---

① 参见 Chang Hsi-t'ung, "The Earliest Phase of the Introduction of Western Political Science into China," *Yenching Journal of Social Studies*, Vol. 5, No. 1, July, 1950, p. 9。

大会，一是世代公侯之会，一是百姓间凡乡绅世家大族者之会。但凡要设新律，或改旧律，有事急或加减赋税，则两大会必先商量之，然后奏与君上定意，如此国之大权，分与三分，君有一分，众官一分，百姓一分，致君难残虐其民，诸侯不能行霸，百姓不能作乱也。"又称"花旗国之朝廷，略像英吉利之朝廷，都有两大会，治理法律、粮税等事，惟花旗国无王，只有一人称总理者治国家的事，期在任四年，然后他人得位"。[1] 1822年在马六甲出版的《全地万国纪略》中也介绍了美国的总统和国会两院制度，并称赞其甚有次序，而国家少有作乱和暴虐。[2]

在中国境内最早用中文发行的刊物《东西洋考每月统记传》中亦时有涉及欧美政治制度的内容。如道光十五年（1835年）六月期"新闻"中提到英国议会："英吉利国之公会，甚推自主之理，开诸阻挡，自操权焉。五爵不悦，争论不止。倘国要旺相，必有自主之理。不然，民人无力、百工废，而士农商工，未知尽心竭力矣。是以英吉利良民不安，必须固执自主之利也。"[3]道光十七年（1837年）十一月期所载《北亚米利加合郡》中谈及美国政治制度，"此民自主治国，每三年一次选首

---

[1] ［英］麦都思（W. H. Medhurs）编著：《地理便童略传》，马六甲印刷所1819年版，第27—28页。

[2] 邹振环：《西方传教士与晚清西史东渐：以1815至1900年西方历史译著的传播与影响为中心》，上海：上海古籍出版社2007年版，第41页。

[3] 爱汉者等编、黄时鉴整理：《东西洋考每月统记传》，北京：中华书局1997年版，第186页。

领主，以总摄政事"。① 道光十八年（1838 年）三月期上刊出的《自主之理》一文，则介绍了英国的政体与法治。

此后，由伦敦传道会传教士所编的《遐迩贯珍》对英美政治制度有更为全面的介绍：1853 年第 3 号上刊出的《英国政治制度》介绍了英国的君主、议会、立法、司法、选举、审判、预算等方面内容；1854 年第 2 号上又刊出《花旗国政治制度》，对美国的国会两院选举、总统选举、总统的任期和职务、立法程序、预算、司法、陪审制度、行政等情况均做了详细的介绍。 而裨治文编的《美理哥合省国志略》对美国政治制度的描述更为详细。 晚清传布较广、影响很大的《万国公报》对西方政治知识也作了很多介绍，如林乐知的《译民主国与各国章程及公议堂解》就是一篇系统介绍西方宪政的文章。

传教士在介绍西方政治的同时，也涉及其学术分科和教育制度。 早在鸦片战争之前，传教士就已向中国人介绍欧洲的教育制度。 伟烈亚力为《六合丛谈》创刊号撰写的《小引》中列举了西学分支，但尚未涉及政治学。 不过，艾约瑟为该刊所撰写的"西学说"系列文章在介绍希腊、罗马古典学问分类中提到了"义理""律法""国政""性理""治平之学"等学科，这些与后来所谓政治学的研究对象或多或少都有重叠之处。 1874 年，德国传教士花之安撰写的《德国学校论略》比较详细地介

---

① 爱汉者等编、黄时鉴整理：《东西洋考每月统记传》，北京：中华书局 1997 年版，第 297 页。

绍了德国的学校制度，其中与政治、法律相关的教育是在"仕学院"和"太学院"中的"法学"科。此后艾约瑟编著的《西学略述》和丁韪良所撰写的《西学考略》对西国学校、西学源流及科目等也颇有介绍。特别是傅兰雅口译、应祖锡笔述的《佐治刍言》（1885年），是"戊戌以前介绍西方社会政治思想最为系统、篇幅最大的一部书"。①

道咸之际，国人一般只能通过传教士的著作了解西方，少有人置身国外目睹西国政情。而第二次鸦片战争后，由于总理衙门的设立与驻外使臣的派遣，始有清朝官员和留学生走出国门，直接接触西方社会，对各国的政治、学术有了更深入的认识和体验。驻英公使郭嵩焘在出使英国期间，重视探究西洋政教原理和西学。郭氏在日记中对英国政治制度颇多记载，涉及政党议会辩论、行政立法分权、新闻自由与舆论监督等。出使英国的黎庶昌、出使日本的黄遵宪、出使英法意比等国的薛福成，也各自在日记中记录了其出使国家的政治情状。徐建寅在《欧游杂录》中记载了他访问各国议院的情况，回国后还将自己翻译的《德国议院章程》一卷刊行，表示赞成维新派开议院、行宪政的主张。《德国议院章程》是戊戌变法时期中国人了解西方议会制度的一个重要文本。作为游历使被派往海外考察的刘启彤，其编著的《英政概》《英藩政概》《法政概》对西

---

① 熊月之：《西学东渐与晚清社会》，北京：中国人民大学出版社2010年版，第408页。

方国家政治制度的描述更为系统和深入。 对西方政治制度与学术分科的描述，也见之于一些非外交官身份的海外游历者的游记，如王韬的《漫游随录》和李圭的《环游地球新录》。

新教传教士乃至明清之际耶稣会士对西政和西学分科知识的介绍，是晚清读书人政治概念转型的主要思想来源。 其影响所及者，不仅有王韬、冯桂芬、郑观应等早期维新派人士，也包括许多应试科举的普通士子。 而出使或游历海外的中国官绅又进一步将他们的见闻传布于社会，形成更广泛的思想影响，对中国近代政治概念的生成起到了推动作用。主张学习借鉴西方政治制度并给传统的政治概念注入新的内涵的主要是郑观应、马建忠、王韬、薛福成、陈炽等早期维新派知识分子；但在整个洋务运动时期，统治者以及一般士大夫所注意的主要是西方的工艺制造，对中国传统的治平之道仍抱有信心，他们的认识水平基本上还停留于传统儒家的政治概念。

从政治概念的词语表述来看，自鸦片战争前夕至甲午战争乃至戊戌变法时期，"政治"尚属边缘，主要以"政"字作为政治概念的统摄用词，以"政"字为核心的邻接词也继续使用，延续了先秦时代的儒家传统，不过也有一些新的变化，主要体现在寻求如何对译西文政治语词的努力上。 在这一时期出版的字典和辞书中，对译西文 politics、political、sciences politiques、politiek（staatkunde）、rule、govern 等词语的汉语译词有："义理""律法""国政""章程""治国之道""性理"

"政事""人生当然之理""治理学""政治"，等等。①

以马礼逊在 1820 年前后编纂出版的英汉字典为例，与政治相关的词语主要有 politics、govern、democracy 等。 politics 被解释为"国政之事：the affairs of public courts，衙门之事"。"国"的对应词则是 nation 和 country（nation 被译为"国，邦"，country 又被解释为"region，地方"），而 state 或 condition of the nation 被解释为"国势"。 对 people 的解释是："民、小民、百姓、白衣、布衣，these terms apply to all those who have no rank，or title in the state；or those who 未有功名 'not having merit and name,' all those who have no honors for services done to the country； or who have not purchased rank，as every person of property in China does"，以及"黔首、黎民、黎元；平民；烟户等"释义。 与 people 相对的是 officer（译为"官""官府""官员"）和 governor（译作"督宪"）。

以上 "国"的含义偏重于地方性和民族性，政治性的 state 一词尚未上升为"国"的主要概念，people 主要定位于中国传

---

① 参见孙青《晚清之"西政"东渐及本土回应》，上海世纪出版集团 2009 年版。另外，李提摩太在《日本变通兴盛记》中介绍东京大学时还是使用"国政"一词（"京都大书院所教者分作五类，一国政律例等事，二经史子等书，三格致诸学，四工学，五医学。"），参见《列国变通兴盛记》卷二，上海广学会 1898 年版，第 24 页。 张德彝在《随使英俄记》中说英格兰"敖克斯佛"（牛津）与"堪卜立址"（剑桥）两大学院所教科目中有"治理学"，或即指政治学。 参见钟叔河主编《刘锡鸿·张德彝　英轺私记·随使英俄记》，长沙：岳麓书社 1986 年版，第 605 页。

统政治概念中"官 vs 民"图式，多被解释为"被统治者"。因此，democracy 受到贬斥，被解释为"is improper; since it is improper to be without a leader，既不可无人统率亦不可多人乱管"。而对 govern 和 government 的解释则较多援引儒家经典语句。如，"When the empire is governed well（agreeably to reason），legislation is not usurped by great officers，天下有道，政不在大夫"；"庶人不议，the common people have no deliberations on the affairs of government"。其中，govern 的释义是"to rule a nation，治国；治民"。government 则被解释为"政事，or 朝廷政事，the affairs of the court. The affairs of the national family，国家之事"①。

由此看来，作为中国政治概念（汉语主要表述为"政"）的英文对应译词主要是 govern 和 government，偏重于政府统治或官员管理的义项，类似的词语还包括 rule、regulate、rectify、serve，而较少是名词意义上的 politics，即"国政之事"。这种情况在马礼逊字典之后出版的几部中西双语字/词典中基本上没有多大变化。但也出现了一些新的汉语译词，如"政知"

---

① 参见 Robert Morrison, *A Dictionary of the Chinese Language*, in Three Parts, Part III, London: Black, Parbury, & Allen, 1822, p. 94、113, pp. 192－193, p. 290, pp. 300－301, p. 315、325、407。

"治国总知""治国之理""政论""治国之道"等①，意味着
politics 的知识、原理或 "学"的含义受到关注。 另外，
democracy 的译文语义也发生了一些变化。②不过，在这些双语
字/词典中并未出现 "political science" 以及 "政治学"，那么作
为 politics 或 political science 译名的 "政治学"何时出现于汉
语? 渊源何自?

---

① 在罗存德编的《英华字典》中，对 politics 的解释是："政；the science of
government, 政知, 治国总知; political affairs, 国事"。 在 "principle" 词条中
将 principles of government 译作 "治国之理"（Wilhelm Lobscheid, *English and
Chinese Dictionary, with the Punti and Mandarin Pronunciation*, Part 3,
Hong Kong: The "Daily Press" Office, 1868, p. 1337、1372）。 "政论" 译词
出自《华英字典汇集》，对应于 politics、the science of government（Tam Tat
Hin, *An English and Chinese Dictionary with English Meaning or Expression
for Every English Word*, 3rd, 香港: 文裕堂书局, 1897, p. 656）。 在《汉法语汇
便览》中，法语词 Politique 被译作 "国政, 章程, 治国之道"（Gabriel Lemaire,
*Dictionnaire de poche français-chinois, suivi d'un dictionnaire technique des mots
usités à l'arsenal de Fou-Tcheou*, Shanghai: American Presbyterian Mission
Press, 1874, p. 226）。
② 在罗存德编的《英华字典》中被译作 "民政, 众人管辖, 百姓弄权"（Wilhelm
Lobscheid, *English and Chinese Dictionary, with the Punti and Mandarin
Pronunciation*, Part 2, Hong Kong: The "Daily Press" Office, 1867, p. 589）;
在邝其照《华英字典集成》中译作 "奉民主之国政"（Ki Chiu Kwong, *An
English And Chinese Dictionary*, Shanghai: Wah Cheung etc., 1887, p. 96）。

二、"政治学"：进入中文教科的汉语新词

在清季国人的著述中，"政治学"一词首次出现于黄遵宪编著的《日本国志》中。其中"学术志"的"西学"部分，介绍了日本吸收西学的由来及新式教育体制的建立，称东京大学校"分法学、理学、文学三学部。……文学分为二科，一哲学（谓讲明道义）、政治学及理财学科，二和汉文学科"①。《日本国志》初稿成于1882年，修订稿完成于1887年，而正式刊行则在1895年冬。1897年冬，梁启超作《时务学堂功课详细章程》，将《日本国志》列为时务学堂"溥通学"功课的"涉猎之书"以及"颛门学"之掌故门的"专精之书"。

1897年底，康有为编成《日本书目志》，卷五"政治门"下分为国家政治学、政体书、议院书、岁计书、政治杂书、行政学、警察书、监狱法书、财政学、社会学、风俗书、经济学、横文经济学、移住殖民书、统计学、专卖特许书、家政学等17类。列入"国家政治学"类的书籍有26种，"政治学"作为一种知识分类的专有名词开始出现，其中列举了石原健三、木下

① 黄遵宪：《日本国志》，上海：上海古籍出版社2001年版，第340页。

新三郎合著的《政治学》、山崎哲藏翻译的《政治学》以及高田早苗所著的《通信教授政治学》，另外还有以"国家学""国家论""政学""政治原论"作为书名或书名中含有这类名词的著作。

康有为在按语中并未使用"政治学"，而是用"政治之学"。康有为说，"政治之学最美者，莫如吾六经也。尝考泰西所以强者，皆暗合吾经义者也"。"故凡泰西之强，皆吾经义强之也；中国所以弱者，皆与经义相反者也。""吾中国法古经之治足矣，本非取于泰西，所以可取者，参考其书，以著其治强之故，正以明吾经义之可行。近人习于国故而忘经义久矣，反以近时掌故自尊为中国之学，而诃斥外人。岂知吾之掌故，历秦、元诸霸朝，已非中国先圣经义之旧，而礼失求野，外国乃用吾经义之精。""《春秋》之义，惟德是亲，日本未足以语是。然译泰西之书而能保养其民以自强，其政治亦可借鉴矣。"但这不过是"西学中源"的论调，看不出他对日本的"政治学"有何具体的认识。①

《日本书目志》成书后，梁启超作《读〈日本书目志〉书后》，宣称"今日中国欲为自强第一策，当以译书为第一义"，并呼吁公卿"读政治、宪法、行政学之书，习三条氏之政议，

---

① 《康有为全集》第 3 集，姜义华、张荣华编校，北京：中国人民大学出版社 2007 年版，第 328—329 页。早在 1891 年，康有为开设万木草堂，所授学科分为义理之学、考据之学、经世之学和文字之学。其中，经世之学包括政治原理学、中国政治沿革得失、万国政治沿革得失、政治实应用学、群学。至于"政治原理学"和"政治实应用学"内容如何，未见记载。

撢究以返观，发愤以改政"。① 通过《日本书目志》，梁启超此时应该注意到其中的政治学类书籍。

1898 年 6 月 11 日，光绪皇帝颁布《定国是诏》，宣示内外大小诸臣应"以圣贤义理之学植其根本，又须博采西学之切于时务者实力讲求"，以养成"通经济变之才"，京师大学堂"尤应首先举办"，并命令"军机大臣、总理各国事务王大臣会同妥速议奏"。6 月 26 日，光绪皇帝再谕军机处、总理衙门"迅速复奏，毋再迟延"。② 梁启超受托代拟章程，"略取日本学规，参以本国情形，草定规则八十余条"。学堂功课分为"普通学"和"专门学"，其中分设"初级政治学"和"高等政治学"。③ 7 月 3 日，内阁奉谕准照军机处和总署所议章程办理，另派孙家鼐为管学大臣，并令所有原设官书局及新设之译书局并入大学堂。同日，上谕特赏梁启超六品衔办理译书局事务。④ 梁启超随即奏呈译书局开办情形并拟译书局章程十条，一方面强调"诸子中与西人今日格致、政治之学相通者不少，功课书即专择此类加以发明，使学者知彼之所长皆我之所有"；另一方面又表示"初级算学、格致学、政治学、地学四

---

① 《时务报》第 45 册，1897 年 11 月 15 日。
② 中国第一历史档案馆编：《光绪宣统两朝上谕档》第 24 册，桂林：广西师范大学出版社 1996 年版，第 177—178、207 页。
③ 《总署奏复京师大学堂折稿章程》，《知新报》第 65 册，1898 年 9 月 16 日。
④ 中国第一历史档案馆编：《光绪宣统两朝上谕档》第 24 册，桂林：广西师范大学出版社 1996 年版，第 227—228 页。

门，悉译泰西、日本各学校所译之书"。① 梁启超在所拟译书局章程中还认为，译书应"先政而后艺，先总义而后专门"，应译之书"当首译其政治学、宪法学、行政学、律例学各书"，且先译东文。② 由此可见，在将作为学校教学科目之一的"政治学"从域外引进并纳入帝国教育体制的初期规划过程中，梁启超确系先行者。

孙家鼐受命办理京师大学堂，在人事选聘上排斥康梁一派，又奏请译书局编纂各书须经管学大臣审阅后进呈御览，旨在防止梁启超借主持译书局之便将"康学"塞进学堂教科书中。③ 稍后又奏陈筹办大学堂情形，将此前梁启超所拟大学堂章程中的普通学十门裁并为经学、中外掌故、算学、格致、政治、地理、体操七门，并再次强调"编书宜慎"，以防范康梁借机夹带私货。④ 虽然还有"政治"一门，但孙家鼐所理解的"政治"与梁启超原拟的"初级政治学"和"高等政治学"当是各有所指。尽管戊戌政变后大学堂未被废除，且于年底开学，然"不过略存体制。士子虽稍习科学，然大都手制艺一

---

① 梁启超：《拟译书局章程并沥陈开办情形折》，《京报》1898 年 8 月 23 日。
② 《大学堂录呈举人梁启超所拟译书局章程》，北京大学、中国第一历史档案馆编：《京师大学堂档案选编》，北京：北京大学出版社 2001 年版，第 51—53 页。
③ 《协办大学士孙家鼐奏为译书局编纂各书宜进呈御览钦定折》，《京师大学堂档案选编》，第 45—47 页。
④ 《孙家鼐奏复筹办大学堂情形折》，载王学珍、郭建荣主编《北京大学史料 第一卷（1898—1911）》，北京：北京大学出版社 2000 年版，第 47—48 页。

编,占毕咿唔,求获科第而已"。① 及庚子事变,师生散逸,大学堂形同停顿。

当时对日本的"政治学"接触较深的当是盛宣怀创办的南洋公学,"公学所教,以通达中国经史大义厚植根柢为基础,以西国政治家日本法部文部为指归,略仿法国国政学堂之意"。光绪二十四年(1898 年),"承命拟择功课书"的白作霖在给校方的呈文中说,"本思取中国掌故,择要编授",但"抉择不易","因念日本研究政治学,其序由历史为之基,自古而迄最近,乃终以文明史、社会学,使其融化事实;次乃及国家国法等学;再次各国法制;而本邦宪法、行政等,以公法法理等学辅焉;终之以统计、美辞、论理诸学,以要其成,其书具有刊本。 今虽不必悉仿其程,要可略师其意"。 并附课表,其中有"政治学"一科。 之后他又就南洋公学中院第三班功课、钟点、书籍开呈意见,谓"吾国向未有教科书……拟参仿彼中探迹国法论与国法各论之意,仿英国宪法史之例,再略依其立法、行法等部别,采中国古来法制,撮要为之,俾略识本邦政法沿革之略。 ……唯是中国向来所谓掌故书,多详于国法沿革,而于政则不及(伯伦知理谓法与政有动静行止之异,法犹躯体,政乃其精神也。 作霖以为三通等书亦是,论躯体处多,

---

① 喻长霖:《京师大学堂沿革略》,载《惺諟斋初稿》,宣统辛亥孟秋再版,卷四,第 3 页。

说精神处少），故第就行政法论之，已苦无善例可循"。① 可见白作霖当时对日本的政治学已有一定了解，且拟以日本的政治学作为学校课程设置和编译教科书的取法对象。

以上事实表明，在汉语语境中出现的"政治学"一词，都与日本有关，可以肯定其来源于日本，马西尼（Federico Masini）称之为"来自日语的原语汉字借词"②。 那么作为日语的汉字借词"政治学"（せいじがく）又是什么情况呢?

三、 日语汉字词"政治学"的语义及其渊源

日本最初的英和词典《谙厄利亚语林大成》（本木正荣等编，1814 年）中收录了 polity 和 politic，都译作"政理学"。 1862 年堀达之助编译的《英和对译袖珍辞书》中出现了以下一组与政治相关的对译词汇："Police，政治；Policy，政治孝、手形；Politic，政二拘リタル、贤キ；Political，政二拘リタル；Politically，政事二拘リテ；Politician，政治孝二长ジタル人；

---

① 《交通大学校史》撰写组编：《交通大学校史资料选编 第 1 卷 1896—1927》，西安：西安交通大学出版 1986 年版，第 55—56、62 页。
② ［意］马西尼：《现代汉语词汇的形成——十九世纪汉语外来词研究》，黄河清译，上海：汉语大词典出版社 1997 年版，第 266 页。

Politics, 政治孝; Polity, 政度。"①其中，"孝"是"学"的异体字。这些译词在几年后出版的《改正增补英和对译袖珍辞书》中一仍其旧。② 1869 年出版的《改正增补和译英辞书》是《英和对译袖珍辞书》（堀达之助编、堀越龟之助增补）的改订本，其中继续收录 Police 等词，但译词略有改正或增补，如："Policy, 政治学，处置（公事ノ），取扱方（私ノ事ノ），請合証文；Politician，政治学ニ長ジタル人；Politics，政治学。"③词典中所见表记为"政治学"的日文汉字词首次出现于此。之后于 1871 年出版的《大正增补 和译英辞林》（*An English-Japanese Pronouncing Dictionary*）继续保留上述译词，该辞书在 1885 至 1887 年间至少有 10 个版本流行。荒井郁之助编《英和对译辞书》（1872 年）以及《稟准和译英辞书》（1873 年）、《广益英倭字典》（1874 年）几乎完全抄录上述译词。知新社徒编译的《英和字典》（知新馆藏版，1872 年）也几乎都收录了上述词汇，不过略有不同，如 Policy 译作"政治ノ法、用心"，Politics 译作"政治学，国政、政事"。而《英

---

① 堀達之助『英和対訳袖珍辞書』，江戸（洋書調所），文久二年（1862），第611頁。

② 堀達之助『改正増補英和対訳袖珍辞書』，蔵田屋清右衛門，慶應三年（1867），第306頁。

③ 高橋新吉、前田献吉、前田正名編『改正増補 和訳英辞書』（*An English-Japanese Dictionary*），Shanghai: American Presbyterian Mission Press, 1869，第438頁。

和字汇》中将 Politics 译作"政治学、国事"。①

在早期出版的荷日双语辞典中，pleit 被解释为"政ノ捌キ；公事ノトリサバキ"（处理公事）。 staat 有几种含义，其义项之一是"王居ノ地 都 领地 国政"，由此派生出与国政相关的词族；被译为"国政"的词还有 staatkunde、staatsbestien、staatsbewind 等。② 这些是与政治学最为接近的词汇，但尚未出现"政学""政治学""政事学"之类的译词。在 1872 年出版的德日双语词典中，Politik 已被译作"セイジガク 政事学"③，或"政治学"④。 同年，文部省刊印的《国法泛论》第一册首卷中出现了"国家学"以及"国法"（Staatsrecht）、"国政"（Politik）等译词。⑤

奇怪的是，在美国人平文（J. C. Hepburn）编译的《和英

① 柴田昌吉、子安峻编『英和字彙 附音插图』，横滨：日就社，1873 年，第 857 页。
② 参见 F. Halma 原著、Hendrik Doeff 编著、吉雄权之助等訳『道訳法児馬』；F. ハルマ（François Halma）原著、稲村三伯訳编『江戸ハルマ』，1796（早稲田大学図書館 文庫 8 - A209）；藤林泰助（普山）『訳鍵』，京都，1810 年，第 221 页；道氏訳、桂川甫周等校訂『和蘭字彙』，日本橋通（江戸） 山城屋佐兵衛，安政五年（1858）跋。
③ 小田篠次郎、藤井三、櫻井勇作编『字和袖珍字書』，東京：学半社，1872 年，第 801 页。
④ 山本松次郎『袖珍字語譯囊』，長崎：出藍社，1872 年，第 319 页。
⑤ 1871—1875 年加藤弘之担任天皇侍讲，作为向明治天皇进讲欧洲国法论的课本，加藤弘之选择伯伦知理（J. C. Bluntschli）《一般国法学》（*Allgemeines Staatsrecht*，1863）中他认为必要的部分进行翻译。 译稿于 1872 年至 1876 年由文部省以《国法泛论》为题分册刊行。 参见安世舟「明治初期におけるドイツ国家思想の受容に関する一考察——ブルンチュリと加藤弘之を中心として」，日本政治学会编『年報政治學』第 26 巻，1976 年 3 月。

语林集成》诸版本（1867 年初版、1872 年再版、1886 年三版、1894 年五版）中均未收录 political、politics。 在《英华和译字典》中虽然收录了 police、policy、politic、politics，但其译语与上述词典有所不同。 其对 politics 的解释是："政，セイジ，sei-ji，マッリゴト，matsurigoto； the science of government，政知，治国总知，セイジ ガク，sei-ji gaku， セイ ガク，sei-gaku； to converse on politics， 论政，マッリゴトヲカタル；to study politics， 学政，セイジ ガクヲマナブ；political affairs，国事，コクジ。"①其中的义项"政知，治国总知"，是罗存德《英华字典》中原有的汉语译词，对应的日文译词是"セイジ ガク"。 青木辅清编的《英和掌中字典》（1873 年）也是以"セイジ ガク"作为 politics 的对应译词。

以上表明 19 世纪六七十年代在日本的双语词典中，将 Politics/Politik 等西文词汇译作"政治学"已经较为普遍，但是并未统一，同时也存在着"政理学""政事学""政知""国政""セイジ ガク"等其他译词。

19 世纪八九十年代，将 Politics 译作"政治学"的词典已较普遍，但少见收录 Political Science。 另外，在德日双语词典中，"政治学"和"国家学"的译词也常见，在有的词典中一个原语单词对应几个同义译词或一个译词对应几个原语单词。 例如，

---

① ロプシャイト（W. Lobscheid）原著，津田仙等译，中村敬宇校正『英華和訳字典』，東京：山内鞳出版，1879 年，第 622 頁。

Politics，政学、政治学、治国学。[1] Staatenkunde、Staatskunde，统计学；Staatenlehre、Staatslehre，国家论；Staatswissenschaft，国家学。[2] Politik，国政学，政治学；Staatslehre，政治学；Staatskunst，政略，政治学。Staatenkunde，Staatskunde，国家学，国誌学，统计学。Staatswissenschaft，国政学。[3] 当时的德日双语词典中，以 Staat（国，国家）作为词根的词汇非常丰富，除了以上所列举的，还有如 Staatengeschichte（国家沿革史），Staatsgeschichte（国政沿革史），Staatsphilosophie（政理学），Staatsprincip（治国原理），Staatsrechtslehre、Staatsrechtswissenschaft（国法学），等等。

　　译名不统一也体现在东京大学文学部学生翻译的讲义和所编之词典中。《学艺志林》（1880 年 7、8、10 月号）上刊载的《世态开进论》，是井上哲次郎等翻译自其老师费诺罗萨（E. F. Fenollosa）的讲义，其中使用了"政理学"这一译语。在井上哲次郎等编的《哲学字汇》（东京大学三学部，1881 年）中，Politics 译作"政治学"，而 Political Philosophy 和 Political Science 译作"政理学"。《哲学字汇》再版（东洋馆，1884 年）重复了这些译语。Political Philosophy 和 Political Science 此前均未收入《英和对译袖珍辞书》等其他日译西文词典，却

---

① 尺振八訳『明治英和字典』，東京：六合館，1887 年，第 707 頁。
② 風祭甚三郎編訳『独和字彙』，東京：後学堂，1887 年 2 月第三版，第 490 頁。
③ 行徳永孝編訳『独和字書大全』，東京：金原寅作，1890 年，第 665、961—964 頁。

见之于西周的《百学连环》(1871 年),其中将 Political 译作"政学上之""政理学上ノ";Political Philosophy 译作"政家哲学""政理家之哲学"。 同时,西周也将 Political Science 译作"政事学"。 前述《英和对译袖珍辞书》等诸多词典将 Politics 译作"政治学",而在《百学连环》中则将其译为"政事""政事学""政理学"。

译名纷歧的原因须追溯其背后的知识来源。 词典往往只提供简单的译词,而且辗转沿袭,难以确查译语创制的缘由,因此还需要从人员往来、学术教育机构及文本方面考察。

近代日本对西方政治的了解,是从接触兰学开始的。 文政十年(1827 年),青地林宗受幕府之命翻译兰书,成《舆地志略》稿,在其中的"谙厄利亚"部分谈到英国的议会政治,"政府谓'把尔列孟多(Parlement),政臣会集之厅分为上下二厅……此辈称作'昆蒙斯'(Commons)"。 天保十四年(1843年),"天文台译员杉田成卿翻译荷兰国宪。 ……此前受水野阁老之命翻译荷兰的兵书、政书"。①

在引介西方知识体系和政治词汇之创制方面,西周的贡献尤为突出。 1863 年,西周和津田真道由幕府派往荷兰留学。 两人在莱顿大学师从毕洒林(Simon Vissering)学习 Staatswetenschappen,西周称毕洒林所授者为"政事

---

① 鵜沢義行『改版 政治の生成と展開』,京都:三和書房,1968 年,第 231 頁;大槻如電編『新撰洋学年表』,大槻茂雄,1927 年,第 128 頁。

学之大本"，其别之为性法学（Natuurregt）、万国公法学
（Volkenregt）、国法学（Staatsregt）、制产学
（Staatshuishoudkunde）、政表学（Statistiek）。① 他们学成之
后，分工翻译所习之五科之学，除了西周所译的《性法说约》
因故未刊，其他皆于明治初年梓行于世。 西周又设私塾育英
舍，自 1871 年 11 月开始口授《百学连环》讲义。 就这样通过
译书和讲义将毕洒林所传授的西洋知识体系经过一定的转化后
系统地介绍给日本国民，于是关于政治学的概念尽管存在各种
不同的指谓，但是其内涵和外延趋于明确。

西周在《百学连环》开头就说，"英语的 Encyclopedia of
political science 译作政事学连环，即为口授的学问。 今欲效仿
此例，引导浅学之士。"那么何谓"政事学"呢？ 他并没有专
门给出定义，但指出：一切学问都有"学域"，有 definition（即
定义），于政事学必须知晓其作为政事学的定义。 例如，说某
处有某国时，必须知道国为何物，仅仅有土地还不能称之为
国，有土地、有人民、有政府才能称之为国。 西周还谈及，
"政事学 politics。 其中有一条唯一的真理是 liberty，就是自

---

① 五科之学，西周与津田真道的译名初不一致。 对于毕洒林写给两人示以五科教
授之法的书翰，西与津田各有所译，西周所译之"政事学之大本"，津田真道译
作"治国学ノ原始"，津田译五科之学依次为：天然ノ本分（ナッウールレグ
ト）、民人ノ本分（フォルケンレグト）、邦国ノ法律（スタートレグト）、経
済学（スタートホイスホウドキュンデ）、経国学（スタチスチーキ）。 后来虽
趋于统一，但仍有分歧，如译 Statistiek / Statistics 为"計誌学"（西周）、"総
紀学"（津田）。 大久保利謙編『西周全集』第 2 卷，東京：宗高書房，
1961 年。

在。 不仅动物要自由自在，草木也要自由自在。……人也是如此，最要自由。 对此加以束缚的只是法律"。 在介绍西洋学术发展史时提到亚里士多德所授的七科之学，其中之一为"政理学"。 另外，还提到霍布斯、洛克、孟德斯鸠、卢梭等英法学者及其著作。

《百学连环》还介绍了政治学在西方学术分科体系中的位置及其与其他学科的关系。 据其分类，各学科首先分属普通学（Common Science）和殊别学（Particular Science）两大类。殊别学之下又分为不同层次的学科群。 第一层次分为心理上学（Intellectual Science）和物理上学（Physical Science）；至第二层次，心理上学包括五大类——神理学（Theology）、哲学（Philosophy）、政事学并法学（Politics & Science of Law）、制产学（Political Economy）和计志学（Statistics）。

西周在讲义草稿中写道："Politics 云云，谓哲学上之政论于 Political Economy 之外别无科目存在 □法学即 Politics。"这些要点在永见裕笔记的口授讲义中稍有展开："如此虽称政事学、法学，然皆出自经济学，此外并无政事学及法学。 因都包含于哲学，故由哲学中提升至法学，谓之政事学。 此学即指 Science of Law。"这是说政事学与法学、经济学及哲学的关系。 又说"计志学"是"政事学"的一个分支学科。①

---

① 大久保利謙編『西周全集』第 4 卷，東京：宗高書房，1981 年，第 11—13、172、178—179、183、251—252、435、503—504 頁。

可见在幕末时期，日本人就已经了解到在欧洲的学术体系中存在一门名为"政事学"的学问，只是西周所说的"政事学"有时是指荷兰的 Staatswetenschappen，有时是指英语中的 politics 或 political science。[①] 据手岛邦夫的研究，"政事学"和"政理学"都被推定为西周的"新造词"。但《百学连环》中将 politics、policy 译作"政理学"，与《谙厄利亚语林大成》中的译词一致，西周受后者影响的可能性很大。[②] 虽然"政事"和"政治"都属于手岛邦夫所说的"汉籍和佛经里有出处，近世以及之前的日本书籍里也被使用的词汇"，而且在西周开始口授《百学连环》之前出版的英和辞书中已经出现了"政治学"译词，但是西周却用"政事学"而不是"政治学"作为 politics、policy、political science、Staatswetenschappen 等西文的译词，可能还是受《论语·先进》所载之"孔门四科"（德行、政事、文学、言语）的影响。

以下再从日本的学术教育机构的变化来看政治学与教学科目的关系。

---

① 在此前后出版的英荷双语词典中，对应于 politics 的荷语单词是 staatkunde，但是尚未出现 political science 和 staatswetenschappen。参见 H. Picard, *A New Pocket Dictionary of the English and Dutch Languages*, 2nd Ed., Zalt-Bommel: John Noman & Son., 1857, p. 156; *A New Pocket Dictionary of the English and Dutch Languages*, Leipsic: Otto Holtze, 1878, p. 290, 760.

② 参见［日］手岛邦夫《日本明治初期英语日译研究：启蒙思想家西周的汉字新造词》，刘家鑫编译，北京：中央编译出版社 2013 年版，第 8—9、34—36、172—177 页。

明治政府在 1870 年 2 月（阴历）发布了大学规则及中小学规则，以此规定全国的学校制度。 按照规定，学校分大学、中学、小学三级，小、中学设于各府藩县，大学仅于中央设立一所。 大学设专门五科（教科、法科、理科、医科、文科），其中法科有政治学一门；中学亦为五科，与大学相同，唯程度高低差异。 同年闰十月，由教习洋学的开成所演变而来的大学南校制定并公布了大学南校规则，规定学生分普通、专门两级，普通科习语学、数学、地理、历史、穷理学等科目，专门科分法科、理科及文科，其中法科开设的科目大体上依据上述明治政府颁布的大学规则，但未见列入"政治学"。

由于日本国学者、汉学者以及洋学者之间的纷争，1871 年 7 月（阴历），明治政府废止大学本校，设文部省，大学南校回归独立，改称南校。 1872 年 8 月（阴历），文部省颁布学制，在全国实行学区制。 这一制度大纲主要模仿法国学制，同时也参考欧美其他国家的制度，而在教育内容上较多受美国的影响。 在由 12 人组成的学制草案起草委员会（"学制取调掛"）中，国汉学者只有 2 人，其余均为当时著名的洋学者，或为法国学权威，或曾留学荷兰，或擅长英美学术。 其中箕作麟祥、内田正雄、辻新次、河津祐之、瓜生寅等 5 人属于开成学校·南校系统的人，对于明治学制的制定起了重要作用。 以"英学"著称的文部"少教授"瓜生寅当时供职于文部编辑局，从事教科书的编译工作。 他编著（译）的教科书有《日本国尽》《启蒙智慧之环》《合众国政治小学》，均于 1872 年出版。《合众国政治小学》译自美国学者 Andrew W. Young 为美国学生编写的政治学入门教科书 *The Government Class Book*（Clark & Maynard, 1865），不过这本书实际上只译了原著的第一部分（Principles of Government）和第二部分（State Governments）共 25 章。 此前一年，在江户英语学校担任校长的何礼之根据 Andrew W. Young 的 *First Book on Civil Government*（1867）和 *The Government Class Book*（1865）两书抄译的《政治略原》（盈科斋藏版，1872 年春正月）已经出版。

学制颁布后，南校改称第一大学区第一番中学，1873 年 4 月从文部省获准改称开成学校，成为文部省所辖之教育诸科专门学生的官立大学校，由法学校、化学校、工学校、诸艺学校、矿山学校组成。 同年 10 月，东京开成学校举行开学仪式。

据当时所定之《东京开成学校规则》，学科分为预科和本科两个阶段。 预科第一年第一期课程中有"地政（ポリチカル）"，第三年第二期课程中有"经济学（ポリチカル、エコノミー）"。 在本科阶段，法学专门第二年（本科中级）的课程是：列国交际法、英国法律、罗马法律、政学（サヰンス、オフ、ポリチクス）、修身学及论文、法兰西语。 在这份课表中，地政即 political，经济学即 political economy，政学即 science of politics。 而在《东京开成学校一览 明治九年》中，可见普通科第二年第二期开始学习"经济学（ポリチカル、エコノミー）"，而法学科的课程中则未见"政学"。《东京开成

学校第四年报》中也未提及"政学"。 而据《文部省第一年报》所载之课程表，最初法学校预科第一级和第二级的课程中都有"法科总论"和"国势学"。

另从该校藏书的汉文分类表来看，有天文、地理、物理、博物、性理、法律、经济、史传等类别，但无"政学"或"政治学"类名。 而在《东京开成学校文库书目英书之部》（*A Classified List of the English Books in the Tokio-Kaisei-Gakko*，1875）中则有 Political Economy、Politics、Social Science 等类别。 列在 Politics 类别下的图书及其作者为：Bagehot，*Physics and Politics*；Guizot，*History of the Origin of Representative Government in Europe*；Mansfield，*Political Grammar of the United States*。

1877 年东京开成学校和东京医学校合并成立东京大学，在原东京开成学校的基础上设置了法理文三学部，其中法学部和理学部分别继承了旧开成学校的法学科和理学科，文学部则系全新设置。 当时的文学部以史学、哲学及政治学作为第一科，和汉文学作为第二科。 课程设置方面，第一年两学科的课程大同小异，第二年开始各学科专修本学科的课程。 史学哲学政学科第二年至第四年所习课程有文学、哲学、欧米史学、政治学、经济学、列国交际法等。 其中政治学（Political Philosophy）、经济学（Political Economy）、哲学（History of Philosophy）由费诺罗萨讲授。 费诺罗萨自编讲义，其英文讲义稿未见流传，但根据他的学生冈仓天心等留下的部分笔记、井上哲次郎等借其讲义翻译的《世态开进论》和一份译者不明的《フェノロサ政治学讲义》，以及《东京大学法理文学部一览》等相关资料，可以推知其讲义内容。 他讲政治学，先从"世态学"即社会学（Sociology）开始，然后才介绍"政治学的原理"。 关于政治学原理，他让学生自己阅读斯宾塞的《社会原理》第一卷（H. Spencer, *Principles of Sociology*, Vol. 1, 1876）、白芝浩的《物理政理相关论》（W. Bagehot, *Physics and Politics*, 1872）、摩尔根的《古代社会论》（L. H. Morgan, *Ancient Society*, 1872）、利伯的《公民自由与自治》（F. Lieber, *On Civil Liberty and Self-government*, 1859）和吴尔玺的《政治学》（T. D. Woolsey, *Political Science or the State: Theoretically and Practically Considered*, 1877）等著作。[①] 从费诺罗萨担任的课程名称、讲义的参考书目及其日文译词来看，"政治学"对应的英文词汇至少包括 Political Philosophy、politics、political science。 通过费诺罗萨的讲义，他的学生或其他读者从斯宾塞、吴尔玺等英美学者的著作中领略到政治学的概念。

与费诺罗萨在东京大学讲授政治学差不多同时，美国传教士拉尼德（D. W. Learned）在同志社英学校也讲授这门

[①] 山口静一编著『フェノロサ英文著作集成（*Ernest Francisco Fenollosa: Published Writings in English*）』，第4—5頁；松本三之介、山室信一校注『日本近代思想大系10　学問と知識人』，東京：岩波書店1992年，第344—366頁。

学问。 小崎弘道将其政治学讲义的部分内容翻译发表于《六合杂志》(17~25 号,1882 年 2 月至 10 月),题为《政治学大意》(后由宫川经辉完整翻译,以"政治学"为书名出版)。 从当时大江义塾"政治学"口授课程在很大程度上受到上述吴尔玺《政治学》的影响来看,可以推测拉尼德向义塾师生推荐了这本书。 事实上吴尔玺是拉尼德的伯父,也是后者在耶鲁大学读书时的校长和恩师。① 果然,在宫川经辉翻译的《政治学》"绪言"中,拉尼德说:"自古以来论政治之书虽然不啻汗牛充栋,但论其要领之良书终究不多,而吴尔玺氏《政治学》则享有最良之书的评价。"由此可以说通过拉尼德的讲义以及吴尔玺的《政治学》,重视秩序和规则之上的个人自由的政治学进一步扩大了其在日本的影响。

西周所谓的"政事学"大概有两重意思,广义相当于国家学(Staatswetenschappen),狭义就是政治学(Politics),实质上就是法学(Science of Law),强调从法的关系上来理解政治问题。 费诺罗萨的政治学讲义则偏重从社会学的角度或从社会进化的过程来探究政治的产生和发展,因而也注重对历史进程的研究。 显然,由于知识来源的不同,西周所接受的政治学概念与费诺罗萨所传播的政治学概念并不一致。 尽管如此,无论

---

① 澤田次郎「少年期の徳富蘇峰とアメリカ──1863~1880 年」『同志社アメリカ研究』第 39 号,2003 年 3 月 20 日。

是作为私塾的育英舍还是作为官立教育机构的开成学校和东京大学，都为日本年轻的智力精英们提供了"政治学"所对应的西学文本及其所呈现的系统的知识体系，引导他们对Staatswetenschappen 或 politics 的概念理解从日本传统的"政""政治""祭りごと"等意涵朝向欧美的国家与法、经济与社会的方向转移。

当然，西周和费诺罗萨所带来的政治学概念也只是近代日本政治学概念谱系中的早期成分，随着越来越多的海外留学生归国以及更多外国顾问和教师加入，从美英法德各国接受的政治学都在日本传播，形成了多元的政治学概念体系。自美国翻译的政治学除了前面提到 Andrew W. Young 的读本，还有波多野传三郎等合译的《政学阶梯》（1882）①等众多著作。英国方面，除了众所周知穆勒的自由论、边沁的功利主义、斯宾塞的社会进化论的影响，阿莫斯（Sheldon Amos）也是值得关注的人物，其所著 *The Science of Politics*（New York, D. Appleton and Company, 1883）被译成《政理泛论》（报告堂，1883 年）出版，这是一本政治学概论性质的著作。法国方面，卢梭的《社会契约论》和艾米尔·阿科拉（Emile Acollas）的《社会进化论》等经过中江兆民等人的译解对日本自由民权运动产生了重要影响。酒井雄三郎等将阿科拉的 *Philosophie de*

---

① 原著 Charles Nordhoff, *Politics for Young Americans*（Harper & Brothers, 1875）共 43 章，日译本只译了其中前 15 章。

la Science Politique（Paris：A. Marescq Ainé，1877）译为《政理新论》（日新阁，1884 年），但所译只是原著的前编。此外，莫里斯·布洛克（Maurice Block）编纂的两部政治词典为明治法政体制的构筑者和批判者都提供了依据性理论。① 对日本产生影响的德国著作有伯伦知理（J. C. Bluntschli）的《国家论》《国法泛论》《政治学》和那特硁（K. Rathgen）的《政治学》《行政学》等。

不过各国学派在日本的影响程度不一，且呈现阶段性的变化。从官方的态度来看，19 世纪 70 年代初，岩仓具视使节团巡访欧美，通过实地考察，认识到普鲁士、英国等国的君民共治政体更符合日本的国情，而法国和美国的共和政治并不适合百废待兴、政局不稳的日本。当时，在一份选派欧美留学生的建议书中，主张将研修“政治学”的留学生派往荷兰和德国。② 1875 年天皇颁诏，决定采取渐次立宪政体，确立了渐进主义的政治路线。在英、法学派推动的自由民权运动中，德国学派处于劣势地位。但是由于政府的支持和英、法学派的分裂，尤其是明治十四年政变，成为局势逆转的契机，德国学派由此被视作适合日本国体，为设立宪法不可或缺的根据性理

① 参见山室信一『法制官僚の時代—国家の設計と知の歴程』，東京：木鐸社，2005 年，第 115—132 頁。布洛克编纂的两部词典是指 *Dictionnaire général de la politique*，1865；*Petit dictionnaire politique et social des mots les plus usités dans la littérature religieuse，morale et politique*，1872。

② 『遣欧学徒ヲ選挙スルノ議』［書写資料］（刊行年不明），收在“大隈重信关系文书”，早稲田大学图书馆藏资料，i14_a4251。

论。 在井上毅的推动下，成立了独逸学协会，并在参事院中设置一局，集中加藤弘之、平田东助、山胁玄等德国学者对德国的法政书籍进行大规模的系统翻译。 借助于藩阀势力的扶持，德国的法政学成为明治国家官僚制度形成和运作过程中的统治之学。

大体上，在明治前十年间出版的政治学著作，书名中含有"政""政治""政学"字词的比较普遍，如《英政如何》(铃木唯一译)、《真政大意》(加藤弘之著)、《政治略原》(何礼之抄译)、《合众国政治小学》(瓜生寅译述)、《政学提纲》(林正明译)、《共和政治》(中村敬宇译)、《泰西政学》(林正明译)、《政学概论》(中金正衡著)等。 这一时期尚未见到包含"政治学"命名的著作。 有关政治的学问在《明六杂志》(1874年4月2日创刊，次年11月14日停刊)中被写作"政学""政事ノ学""政事学""ポリチカルノ学术""政法学""国政ノ学"，不仅没有统一的术语，也未出现"政治学"一词。 目前所见，最早以"政治学"为书名的是1882年9月至1883年7月出版的中根重一翻译伯伦知理所著的《政治学》。 此后逐渐增多，而以"政理""政学"命名的著作逐渐消失，同时"国家学"名词也开始频繁出现于论著中。

四、初识"政治学"：梁启超对其之接受与输出

源自日本的"政治学"从 1897 年开始进入中文书目和汉语教科。戊戌政变后，流亡日本的梁启超进一步接触到以"政治学"或"国家学"等作为标签的政治学文本，他对此极为关注，通过创办发行《清议报》，传播其内容，促使"政治学"在国人认知中由空洞的外来译词向着具有内涵的概念深化。

梁启超自 1890 年入京会试始见《瀛寰志略》和上海制造局译出各书，至 1897 年已接触了不少汉译域外书籍，他从中获得启迪并产生了新的认识。此时，梁启超意识到译书为当务之急，故是年秋冬间"联合同志"在上海创设大同译书局，译书拟"以东文为主，而辅以西文；以政学为先，而次以艺学"。在大同译书局出版的书籍中真正属于政治学理论的只有《民约通义》一种。该书是对中江兆民翻译的《民约译解》（佛学塾出版局，1882 年）的翻版。《民约译解》以汉文译注，仅译出卢梭《社会契约论》原著四卷中的前言和第一卷，其内容正如卢梭最终确定《社会契约论》书名的副标题"政治权利原理"（Principes du droit politique）所显示的，是关于政治的形成、国家的本质及其构造原理的论述，所以中江兆民将原著书名译为"民约，一名原政"，不无道理。《民约译解》所译的既是卢梭

的经典之作，同时中江兆民在译解中又掺入儒家学说，与梁启超当时"醉心民权革命论"，借《公羊》《孟子》以发挥民权的政治论一拍即合。《民约通义》可以说是戊戌变法前在中国出版的第一本政治学原理性质的著作。然而该书出版后不久，戊戌政变发生，康、梁等人皆被通缉，大同译书局亦受牵连，故《民约通义》在当时似流传不广。①

戊戌政变后，梁启超流亡日本，接触到大量日文书籍，对政治之学颇为留心。在《爱国论》中，他强调欲强国就必须开民智，重视"政学"教育。所谓"政学"教育，就西学而言，即西国学校"所教致用之学，如群学、国家学、行政学、资生学、财政学、哲学"等。稍后又撰文称，"日本自维新三十年来，广求智识于寰宇，其所译所著有用之书，不下数千种，而尤详于政治学、资生学（即理财学，日本谓之经济学）、智学（日本谓之哲学）、群学（日本谓之社会学）等，皆开民智、强国基之急务也。"而中国"译出各书，偏重于兵学、艺学，而政治、资生等本原之学几无一书焉"。因此他劝国人速学日本文，尽可能多地读政治学等类书籍。② 随即《清议报》宣布改变编辑方针，"特取东西文各报中言政治学、理财学者，撷其精华，每期登录数叶，因政治等学为立国之本原，中国向来言西学者仅言艺术及事迹之粗迹而于此等实用宏大之学绝无所

---

① 参见邹国义《〈民约通义〉：上海大同译书局初刊本的新发现及其意义》，《中华文史论丛》2021 年第 2 期。
② 《论学日本文之益》，《清议报》第 10 册，1899 年 4 月 1 日。

知，风气不开，实由于此"①。 同期《清议报》开设"政治学谭"专栏。 为了开展"政学"教育，梁启超又于1899年八九月间创办了东京大同高等学校。 该校所拟刊行的讲义录包括世界文明史、人群发达史、政治学、泰西学案、论理、日本语言文字、日本各学校讲义及中外哲学、中外近事及诸生剳记，②还开办了政治学会③。

《清议报》"政治学谭"栏目最先登载的是德国学者伯伦知理《国家论》的部分内容。④ 其中第一卷后被冠以《国家学纲领》书名由广智书局于光绪二十八年（1902年）三月出版，译者署"饮冰室主人"。

日文《国家论》译自伯伦知理的《面向受过教育者的德国国家学》(*Deutsche Staatslehre fur Gebildete*, Nördlinge C. H. Beck, 1874) 的第一部分 "一般国家学"（Allgemeine Statslehre）。 该部分共五章，第一章主要叙述国家概念的历史沿革，国家的产生、发展与消亡过程，立国之本源以及国家之

---

① 《本报改定章程告白》，《清议报》第11册，1899年4月10日。
② 《拟东京大同高等学校讲义录叙例》，《清议报》第34册，1900年1月31日。
③ 《记政治学会开会事》，《清议报》第27册，1899年9月15日。
④ 《清议报》第11、15—19、23、25—31册（1899年4月10日—10月25日）刊载的《国家论》，沿用了吾妻兵治汉译本的未刊稿，而吾妻的译本是对平田东助、平塚定二郎的日译本的转译，因此《清议报》刊载《国家论》时，除了有文字修改，在译文确认时可能也参考了平田东助等的日译本。 相关研究参见［法］巴斯蒂《中国近代国家观念溯源：关于伯伦知理〈国家论〉的翻译》，《近代史研究》1997年第4期；承红磊《〈清议报〉所载〈国家论〉来源考》，《史林》2015年第3期。

目的。 第二章论述民族（Nation）与国民（Volt），国民与社会，中古之等级，近世之社会，国家中的个人（Individuen，包括外国人、侨民、公民［Staatsbürger］）以及国土。 第三章讨论各种国体（Statsformen），包括四种正体（依据领导机构类型）、四种变体（依据民众参与类型）、两种近代形式（代议君主制和代议共和制）及其沿革、原则、运作和意义以及政体的变迁与国家的联合。 第四章介绍国权或主权、公权的区别、官员和事务员、自治制度。 第五章论述国家与教会的关系。

伯伦知理师承历史法学家萨维尼，在国家起源问题上，主张根据历史以察真相，反对将建国渊源归于单一事理的各种哲学观点，如天意说、君权神授说、威力强制论等，并将主要矛头指向卢梭的社会契约论。 在批驳了各种国家起源论之后，他将国家的创立归于个体固有的建国心积渐而熟的共同建国愿望。

《清议报》上刊载的《国家论》置于"政治学谭"栏目下，意即"政治学"等于或涵盖"国家论"，此与平田东助的日文译本基本一致。 通过对比日文译本和德文原著，可以发现 Staatswissenschaft 和 Staatslehre 分别被译作"国家学"和"国家论"，但也有 Staatswissenschaft 被译作"政治学"，Staatslehrer 被译为"政学家"或"国家学者"的例子。 另外日译本卷首所附的《伯伦知理先生小传》中称伯伦知理在海德堡大学教授"政治学"，1867 年著《国法及政学沿革史》

（*Geschichte des allgemeinen Statsrechts und der Politik*）。 这
里的"政治学"应该是指 Staatswissenschaft，而"政学"则对
应于 Politik。 小传中还提到伯伦知理曾在波恩大学师从两位
"政学家"。 显然，平田东助在翻译时并没有明确区分"政治
学""政学""国家学""国家论"及其对应的德文词汇。 吾妻
兵治则将"国家论"改为"国家学"用作书名，作"国家学序"
置于卷首，强调国家学的意义和价值。

《清议报》上的《国家论》刊载未完即中止，据推测是因
为 1899 年末善邻译书馆决定刊行吾妻兵治的译稿。 善邻译书
馆是由冈本监辅和吾妻兵治筹设的善邻协会改成的出版社，旨
在将明治维新带来的日本文明成果翻译成汉文以启发东亚国家
借鉴日本的经验以建设近代国民国家，故首先刊印了《大日本
维新史》《国家学》等四部书籍。 善邻协会和善邻译书馆为了
实现其亚洲主义理想，不仅与康梁维新派成员沟通，还派其代
表松本正纯和干事吾妻兵治于 1900 年初携数万部书来华活动。
作为回应，一方面，《清议报》第 2 册上刊载的《善邻协会主
旨》以及随后刊载的《国家论》译文可以视为康梁维新派对善
邻协会的支持。 梁启超的门人、时任《亚东时报》主笔的唐才
常撰文宣称要培养人才，且必须灌输"西国文明之政学"。 英
国虽然在香港设立大学堂，但只是培养商业人才，并不教授
"安上全下、交邻治民之具"的"政事、律令、伦理、格致（科
学）"等根本性学问。 与此不同，日本志士会全力教授"政治
学、经济学、哲学、社会学"。 "斯乃天所以成将来二国合邦之

局,而杜欧势东渐之一大关也。"①另一方面,据称,松本和吾妻"所到之处,总督、巡抚、道台等颔首大赞吾馆之美举,购买译书,谋划使其普及各地方之路径"。不过可能是因为遭遇义和团运动或其他变故,善邻译书馆的事业失败了。②

梁启超在《清议报》上开始刊载伯伦知理《国家论》之举,有学者认为"这是梁启超与康有为的世界主义拉开距离,竖起国家主义旗帜的标识"。③而梁启超明确表达其立场转变的是在《答客难》一文中针对有人诘难其为何不再像以前那样阐扬春秋无义战和墨子非攻的回答:"有世界主义,有国家主义,无义战、非攻者,世界主义也;尚武敌忾者,国家主义也。世界主义,属于理想;国家主义,属于事实。世界主义,属于将来;国家主义,属于现在。今中国岌岌不可终日,非我辈谈将来、道理想之时矣。故坐吾前此以清谈误国之罪,所不敢辞也;谓吾今日思想退步,亦不敢辞也。"④

梁启超的思想转变,是受胶州湾事件以来列强侵略加剧、民族危机日益加深这一现实因素的影响,伯伦知理的《国家论》应是促成其思想转变的主要理论来源,这可以从他改奉国家主义后呼唤国人"爱国心"的"国"的概念表述来看。如谓:"国也者积民而成者也,积府州郡县乡埠而成者也。如人

---

① 天游居士:《日人实心保华论》,《亚东时论》第 17 号,1899 年 11 月。
② [日]狭间直树:《日本早期的亚洲主义》,张雯译,北京:北京大学出版社 2017 年版,第 139—145 页。
③ [日]狭间直树:《梁启超笔下的谭嗣同》,《文史哲》2004 年第 1 期。
④《饮冰室自由书·答客难》,《清议报》第 33 册,1899 年 12 月 23 日。

身合五官百骸而成，官骸各尽其职效其力，则肤革充盈，人道乃备。"① "夫国也者何物也，有土地、有人民，以居于其土地之人民，而治其所居之土地之事，自制法律而自守之；有主权、有服从，人人皆主权者，人人皆服从者。 夫如是斯谓之完全成立之国。"② 梁启超关于国家起于家族、国家与国民、主权之类的论述均可见之于《国家论》。 此外，梁启超亦不乏根据伯伦知理的国家学"原理"来观照中国的引申之论。 如认为中国还不是一个"完全成立之国"，"其于国家之体质也，有其一部而缺其一部"，"有国者只一家之人，其余则皆奴隶也"。 "其长成所以若是之迟者，则历代之民贼有窒其生机者也"。③ 因此在他看来，中国当务之急是要建立国民国家，而国民国家的建立不可能一蹴而就，关键在于如何破除数千年以来在王朝政体下所形成的国人奴性，进而造就真正的国民。 基于这一思想逻辑，梁启超的国家主义与他在这一时期所提倡的自由民权思想不但不相冲突，反而相得益彰。《清议报》第25—33册"饮冰室自由书"栏目中所发表的一系列文字，即梁启超基于"国"的概念而对民权与自由所展开的论述，为后来写作《新民说》之序篇。

梁启超认为政府压制民权是政府之罪，而"民不求自伸其

① 《商会议》，《清议报》第 10、12 册，1899 年 4 月 1 日、20 日。
② 《少年中国说》，《清议报》第 35 册，1900 年 2 月 10 日。
③ 《少年中国说》，《清议报》第 35 册，1900 年 2 月 10 日。

权，亦民之罪"①，因此他在"自由书"的系列文字中特别强调国人自求自由与民权的责任。在《放弃自由之罪》中说："天下第一大罪恶，莫甚于侵人自由；而放弃己之自由者，罪亦如之。"在《国权与民权》中又说："民之无权，国之无权，其罪皆在国民之放弃耳"；"苟我民不放弃其自由权，民贼孰得而侵之？苟我国不放弃其自由权，则虎狼国孰得而侵之"？甚至因为觉得中国的改革与进步过于艰难而赞同采取"破坏主义"，视卢梭之民约论为最适于医治当日中国之良方。②其后在《呵旁观者文》和《少年中国说》中也一再强调国人对于国家的责任。乃至与康有为辨自由之义，谓"中国数千年之腐败，其祸极于今日，推其大原，皆必自奴隶性来，不除此性，中国万不能立于世界万国之间。而自由云者，正使人自知其本性，而不受箝制于他人。今日非施此药，万不能愈此病"。③

梁启超这样激进的态度与伯伦知理的国家论并非对立，其实伯伦知理并非一概批评卢梭的民约论，也承认其中"有合真理者"。在建国问题上，伯伦知理并不排斥自由，甚至认为"国家赖民人之自由而生息，民人以共同观念建立国家，相合

---

① 《爱国论三·论民权》，《清议报》第 22 册，1899 年 7 月 28 日。
② 《破坏主义》，《清议报》第 30 册，1899 年 10 月 15 日。
③ 丁文江、赵丰田编：《梁启超年谱长编》，上海：上海人民出版社 1983 年版，第 235 页。

相助，而居其中以为之主"。① 梁启超对此当已了解，所以他说强权论"与人权自由之说若相悖，而实相成"。②

因强敌环伺，加上进化论宣扬优胜劣汰的警醒，梁启超强烈意识到建国自卫的紧迫性。 建国不仅需要造就国民，还要选择合适的国体与政体，这也是梁启超开始思考的问题。 1899年4月《清议报》第12、13册上刊载的《各国宪法异同论》，实为梁启超译自加藤弘之演讲的《各国宪法之异同》③，重在介绍立宪各国的宪法有关政体的规定。 而之后于《清议报》第17、26册上发表的《论中国与欧洲国体异同》则是依据国体与政体概念，通过比较中、欧数千年之历史，探讨两方国体之异同，得出中国民权落后于欧洲的原因在于"欧洲有分国民阶级之风而中国无之"的结论。

当时《清议报》在横滨印刷后经海运送往上海租界，再由租界运至各地销售。 尽管清政府设法禁止其刊行，但由于日本政府不配合，以及清政府无权处置设在租界的代售处，其发行量仍相当可观。 据统计，《清议报》的发售与代售处，初时有23县市32处，后来有所增减，最多时为24县市38处，其平均

---

① 梁启超著、夏晓虹辑：《〈饮冰室合集〉集外文》下册，北京：北京大学出版社2005年版，第1220—1221页。
② 任公：《饮冰室自由书·论强权》，《清议报》第31册，1899年10月25日。
③ 「各國憲法の異同」，见加藤照麿等编『加藤弘之講論集』第4册，東京：敬業社1899年，第1—20頁。

销售数目，总在三四千份，读者人数当不下四五万人。① 梁启超的文字随着《清议报》的发行和流通，也将译自日本的政治学名词以及经过梁启超消化加工过的国家、国民、政体等政治学概念传播给了中国国内的读者。

---

① 参见张朋园《梁启超与清季革命》，台北："中央研究院"近代史研究所 1982 年版，第 281—283 页；石云艳《梁启超与日本》，天津：天津人民出版社 2005 年版，第 226—228 页。

第二章

文本移译与政治学概念之本土衍义

1901 年 1 月 29 日，清廷下诏变法，令政府高级官员就朝章国政、吏治民生、学校科举，军政财政等方面的问题，各抒所见，条议以闻，并于 4 月 21 日成立督办政务处，主持新政事宜。 此后至 1905 年，清政府陆续颁发上谕，推行新政，其中包括改科举、兴学堂和派遣留学生。 这些文教改革的实施，推动了教育体制和知识体系的转型，促使"政治学"从"政""政治"和"政学"中进一步明晰其学科身份。 为因应科举改试策论和学堂教科之所需，书商和留学生合力促成了"政治"资料的编译出版热。 与此同时，康梁维新派和以孙中山为首的革命派亦借翻译之机宣传各自的政治思想。 其中，具有政治学概论性质的译本聚焦于"政治学"概念的论述，为时人认识政治学的学科特征提供了指引，而各种专题译本又为人们具体认识政治学的内涵和外延提供了崭新的知识资源，如梁启超的政论展现了运用政治学解读中国传统政治和文化的方式以及改造现实的可能，扩大了政治学在中国的传播与影响，部分趋新士人则

"各缘时事，衍义别传"。

一、 文教新政与"政治"资料的编译出版热

变法上谕下发后，各地督抚对于改科举、兴学堂等议题多有建白，其中有对"政治"一科的强调，如两广总督陶模等奏称："今之所急莫如政治，宜专重政治一科，内分两门：一曰内政，所以学为理事亲民之官也；一曰外政，所以学为交涉专对之官也。 学中颁发应用书籍，内政以中国经史、性理、掌故、历代贤哲所论修齐治平之道，及现行典章律例为纲，而参考各国政治诸书；外政以各国政体武备之法、条约、地志、史乘为纲，而参以中国古今学术政令。"①也有明确建议学堂设"政治学"一门。 如湖广总督张之洞、两江总督刘坤一在联名上奏中提出设文武学堂的建议，提议高等学堂应参酌东西学制分设经学、史学、格致学、政治学等七个专门，其中政治学包括中外政治学、外国律法学、财政学、交涉学等科目。

慈禧太后主要以张之洞、刘坤一的会奏为基础，并参考其

---

① 《两广总督陶模、广东巡抚德寿：奏请变通科举折》（1901 年），载璩鑫圭、唐良炎编《中国近代教育史资料汇编——学制演变》，上海：上海教育出版社 1991 年版，第 24 页。 本节以下引用内容也主要依据该资料集以及朱有瓛主编的《中国近代学制史料》第 1 辑下册，为免烦琐，不再一一注出。

他官员的意见开展科举、学校等各项文教改革。 1901 年 8 月29 日颁发上谕，规定"自明年为始，嗣后乡会试头场试中国政治史事论五篇……进士朝考论疏、殿试策问，均以中国政治史事及各国政治艺学命题"。 随后，礼部、政务处会奏《变通科举各项考试事宜详拟章程》，对于各场出题范围乃至参考书目均有规定。

9 月 14 日又发上谕，令各省所有书院改设学堂，"其教法当以四书五经纲常大义为主，以历代史鉴及中外政治艺学为辅"。 随后袁世凯奏请试办山东大学堂，拟先行开办"备斋"和"正斋"，将来再设习专门学的"专斋"。 备斋课程中的"历代史鉴"附"国朝掌故、浅近政治学"。 正斋授普通学，分政、艺两门。 政学一门，分为中国经学、中外史学、中外治法学（内分吏、户、礼、兵、刑、工、交涉七目）三科。 专斋课程分为十门，内有"中外政治学"一门。 在所拟"中西学分年课程表"中，正斋的"中外治法学"则表述为"中国政治学""各国政治学"，且贯穿整个四年学习期限。 11 月 25 日，上谕令政务处将袁世凯所奏山东学堂事宜及试办章程通行各省立即仿照举办。

山东大学堂的章程随即成为多数省份改设学堂的参照，如苏州省城大学堂，"其课程、等级、班次，不外山东章程"。 四川将尊经书院作为省城大学堂，也拟仿照山东章程。 此外，贵州、广东、广西也都表示要酌仿山东章程办理各省大学堂，设含有"政治"或"政法"科目的课程。 江苏学政李殿林则表示苏省不必按照山东章程次第开办备斋、正斋和专斋，可径立专斋，俾资精进。 专斋学目原定十科，开办伊始，先立经、史、政治、测绘四科，其余分年次第兴办。 其中对"政学"一科的规定最为详细，谓政分吏、户、礼、兵、刑、工、外交，每类之下皆列举其所属内容，如"吏政，国家官制及各国官制之属"。

　　除了书院改制，还有新设学堂。 光绪二十七年（1901 年）春，南洋公学增设特班，"变通原奏速成之意，专教中西政治、文学、法律、道德诸学，以储经济特科人才之用"，聘蔡元培为主任。 同年夏设政治班，课程定宪法、国际公法、行政纲要、政治学、经济学等。 蔡元培说，"特班的课程重在西学，其本意在以英文教授政治理财等学，养成新式从政人才……其时学生中能读英文者甚少，群思读日文书，我乃以不习日语而强读日文书之不彻底法授之，不数日，人人能读日文，且有译书者。"可见南洋公学所授之"政治学"实据日文书籍。

　　1902 年初，清廷下令恢复京师大学堂，任命张百熙为管学大臣。 8 月，由张百熙主持制定的《钦定学堂章程》规定，大学堂由大学院、大学专门分科和大学预备科三级构成，附设仕学馆与师范馆。 大学分科课程略仿日本例，依次定为：政治科、文学科、格致科、农学科、工艺科、商务科、医术科。 政治科下设政治学、法律学二目。 由于大学专门分科暂不具备设立条件，而仕学馆开办在即，该章程对仕学馆的课程作了较详细的规定，其中列有"政治学"一门，使用翻译课本，讲授内容是行政法、国法、民法和商法。

1904 年 1 月,由张之洞会同张百熙、荣庆商订的《奏定学堂章程》取代了《钦定学堂章程》。该章程规定大学分为八科,经学科大学置首,政法科大学紧随其后,分政治门与法律门。政治门课程分为主课和补助课,主课有政治总义、大清会典要义等。对"政治总义"的解释是"日本名为政治学,可暂行斟酌采用,仍应自行编纂"。另定《学务纲要》规定,法政教育宜"中西兼考,择善而从",所有"私设学堂,概不准讲习政治法律专科,以防空谈妄论之流弊"。①

由于《奏定大学堂章程》所定的分科大学迟至 1910 年才开始建立,法政教育实际上是在仕学馆、进士馆、校士馆、课吏馆以及后来相继成立的法政学堂里开展的。据张之洞主持制定的《奏定进士馆章程》,进士馆开设史学、地理、教育、法学、理财、交涉、兵政、农政、工政、商政、格致等 15 门课程。②由于仕学馆与进士馆所学课程基本相同,1904 年 4 月,仕学馆被并入进士馆。随着新政的开展,原为候补官员提供培训的各省校士馆、课吏馆也对课程培训的内容进行了调整。有一份简章显示,清政府曾要求各省课吏馆添设吏治速成科,其所设课程中有"政治学大义"一门。③

从书院改设学堂的过程来看,一般首先注重发掘孔门四科

---

① 舒新城编:《近代中国教育史料》第 2 册,上海:中华书局 1928 年版,第 16—18 页。

② 《奏定进士馆章程》,《北京大学史料 第一卷(1898—1911)》,北京:北京大学出版社 2000 年版,第 153—156 页。

③ 《拟订各省政治速成科简明章程》,《东方杂志》第 6 期,1904 年 8 月 6 日。

中的"政事"门。 儒学的理想是内圣外王，内圣注重义理，外王强调事功。 晚清的理学家们虽然重视性理，但迫于现实，也越来越关注经世。 由注重发掘儒学传统中的经世精神，到对西政的接引，自然也就顺理成章了，但具体情况还是因人而异。在张之洞、袁世凯和李殿林各自所代表的学堂分科方案中，对政治科的表述颇有差异，张之洞的方案受日本学制的影响相对明显，李殿林的建议更偏向传统观念，袁世凯所奏的山东学堂章程则介于二者之间，略显折衷和杂乱。 而作为新设学堂的南洋公学和京师大学堂，不仅确立了"政治学"在各自课程体系中的位置，也明确了其来源于日本的身份。

文教新政甫一开启，各种经世文选编，有关时务经济类的西学书籍，特别是经过一定程度的分类编目、条举摘要的策问汇编资料应运而生，成为市场上的抢手货。 这类科考用书多属于"东抄西撮，刺取成篇"之作，基本上取材于鸦片战争之后外国来华传教士以及京师同文馆、江南制造总局等洋务机构所编译的书刊资料，已显落后且缺乏学术系统。 留东学界看到了市场需求以及这类汇编资料的软肋，于是掀起了翻译东文政法书籍热潮，可谓"科举改弦，译纂方始"[1]。

另一方面，政府官员纷纷奏请游学和译书。 张之洞和刘坤一会奏《遵旨筹议变法谨拟采用西法十一条折》，力言"广派游

---

[1] 《与张元济书》，载王栻主编《严复集》第 3 册，北京：中华书局 1986 年版，第 544 页。

历"和"多译东西各国书","而以先游日本为急务",译书"既精而且速"者莫如日本书。 管学大臣张百熙奏请设立译局与分局,拟以上海分局专译东文。 盛宣怀亦向光绪皇帝奏陈南洋公学推广翻译事宜,建议"先择日本法规以启其端","审流别而定宗旨","政治、法律则取法于日、德"。①

与此同时,康梁维新派也以新政上谕为契机,加强舆论宣传与输入西洋法政知识。 由梁启超主持的广智书局着重介绍有关君主立宪的思想,这类书籍包括那特硁《政治学》、市岛谦吉《政治原论》、松平康国《英国宪法史》、天野为之《英国宪法论》、小野梓《国宪泛论》、伯伦知理《国家学纲领》等。 当时梁启超与孙中山谋划合作,高谈民族主义,康门弟子韩文举、欧榘甲、罗伯雅等十余人赞同,独徐勤、麦孟华数人反对,故东京高等大同学校里充斥着革命空气,所取教材有卢梭《民约论》《法国大革命史》等。② 罗伯雅将纳岌尔布礼(Alfred Naquet)论述共和原理的《共和政体论》(*La re'publique radicale*)的日译本译成中文。 而思想更为激进的秦力山、沈翔云、戢翼翚等则创办了《国民报》,以"唤起国民之精神"为宗旨,设"社说""译编"等 8 个专栏,其中"译编"所录为"欧美政学",③包括《美国独立檄文》《革命新论》。

---

① 盛宣怀:《奏陈南洋公学翻辑诸书纲要折》,载张静庐辑注《中国近代出版史料初编》,上海:群联出版社 1954 年再版,第 51—54 页。
② 冯自由:《革命逸史》中册,北京:新星出版社 2009 年版,第 705 页。
③ 《国民报》第 1 期,"叙例",1901 年 5 月 10 日。

早于《国民报》创刊的《译书汇编》亦将体例定位于"以政治一门为主",其理由是:"政治诸书乃东西各邦强国之本原","国家之发达与国家学之发达相表里,亚洲国家思想之发达,其所以后于欧美诸国者,国家学学说之未昌故也。"据时人观察,"留东学界,颇有译书,然多附载于杂志中,如《译书汇编》《游学汇编》《浙江潮》《江苏》《湖北学生界》各类,考其性质,皆借译书别具会心,故所译以政治学为多"①。

据统计,清末十年间全国出版的汉译日文书籍有两次高潮,一次是 1902 年至 1903 年,一次是 1906 年至 1907 年。这两次高潮正好分别对应 1901 年开始的科举改章、兴办学堂和 1906 年开始的筹备立宪,似非巧合,二者之间存在着一定的因果关系。②

综上所述,改科举、兴学堂,士人所读之书随即改变,在官员、书商、留学生、维新派和革命者等各方势力辐辏之下,共同催生了"新学"书籍的编纂出版热。据 1902 年《中外日报》刊文指出,新政重启之际,译书虽以"输入文化挽救衰亡"为宗旨,所译之书以"政治学"等为主,但为迎合科举考试的需求,译书的质量之恶达于极点。③所言或有偏颇,但从

---

① 张静庐辑注:《中国近代出版史料二编》,上海:群联出版社 1954 年版,第 98 页。
② 孙宏云:《清末科举改制与"新学"出版》,《政治思想史》第 28 期,2016 年 12 月。
③ 黎难秋等编:《中国科学翻译史料》,合肥:中国科学技术大学出版社 1996 年版,第 347—350 页。

笔者的统计来看，1902年至1903年间确实陡然出现了一个政治译本出版高潮，其原因应主要在于科举改制。而一旦科举停罢，译书的动力和用途亦随之改变。

二、 译本所传递的"政治学"与"国家学"概念

自新政诏令下发至科举停废，是科举向学堂过渡的最后时期，存在着所谓"学堂主学，而科举主文"[1]的双轨制局面。一方面，科举改试策论，突出了中国政治史事和各国政治艺学；另一方面，学堂分科教学，"政治学"赫然在列。 前者所称的"政治"范围广大，后者所谓之"政治学"虽有等同"政治"的用法，但更多是以一种日本学科名称来理解的，在《奏定学堂章程》中将其解释为"政治总义"。 这两方面都体现于当时的译书中，若以广义的"政治"来看，太过分散，难以考察其中的政治学概念，故只取"政治总义"即相当于政治学概论之类的译本予以解析。

《译书汇编》创刊号上开始刊载的《政治学》，所译内容为"民族"与"国家"两卷。 首卷"民族"论述民族的定义及民

---

[1] 《张謇全集》编纂委员会编:《张謇全集》第4册，上海: 上海辞书出版社2012年版，第49页。

族与政治的关系；次卷"国家"，讨论国家定义、国家的构成要素及主权之特征，国家起源诸说（神学说、群学说、契约说、历史说），国体与政体以及国家的目的。该文译自东京专门学校政治学教授高田早苗的授课讲义《政治学》。而高田的讲义则译自美国政治学者伯吉斯（J. W. Burgess）的《政治学与比较宪法》（*Political Science and Comparative Constitutional Law*）的第一编"Political Science"。

《译书汇编》创刊号上紧接着伯吉斯《政治学》的译文是伯伦知理的《国法泛论》，译自加藤弘之的日文译本『国法汎論』。"绪言"部分一开始就介绍了"国法学"与"国政学"的区别与联系："希腊之世，凡关于政治之学，统名之曰国政学，近世乃有国法学国政学之别。国法国政，其事本殊，故欲精究国家所以治平之理，必先分其学为二科，一论国家存在之理，一论其元气活动之方。""法与政有动静行止之异，譬之生物，法犹躯体之静止，政犹精神之运行。"但二者之关系亦并非始终静止，绝无变动。从国法国政沿革史来看，国法史"只论国家之所以存在，制度宪法之所由立"，国政史"则论历代君相之贤愚明暗，施政之得失当否及臣民祸福利害之所系者"。"国法之最著者，宪法是也；国政之最著者，政令是也。政令者，国家统御之术也，故政属术而不属学。""法为政之本"，然"政不能与法以呼吸，则法与死体无异"，而"政苟无法以为之限制，其弊必陷于苛刻暴虐，而国家败亡之祸随之。是知政法二者互相维系而不可偏倚者也"。揆诸加藤弘之的译本以及伯伦知理的原著，这里的"政治之学"是指"Wissenschaft vom State (πολιτικη)"，而"国政""国政学"皆是"Politik"的对应译词。

《译书汇编》上刊载的译作除了伯吉斯的《政治学》、伯伦知理的《国法泛论》，还有孟德斯鸠的《万法精理》、卢梭的《民约论》、鸟谷部铣太郎的《政治学提纲》等。此外译书汇编社还发行了《国家学原理》（高田早苗讲述，稽镜译，1901年）等其他译作。兹就稽镜所译的《国家学原理》中呈现的政治学概念略作解析。

《国家学原理》第一章介绍国家学的定义及研究方法。"国家学者，译自德文，与英文所谓政治学者相似，大抵以集合各科学，而考国家之体用为旨"。伯伦知理"定其义曰：国家学者，乃关于国家之学，以解明国家为务者也"。伯伦知理分国家学为国法学、政治学二科，其总论国家者，为国家学原理，复以统计、行政、国际公法、警察诸学为其附属学科。又有分国家学为国内政治学、国外政治学二部者，"国内政治学研究内政之方，国外政治学研究外交之术，而其考国家性质起原形体者，则为普通政治学。今从其法，分国内政治学为宪法行政法二科。宪法学论国家创建之规模，行政学言国政施行之秩序，若国外政治学则不外乎国际法也。"关于研究方法，亦引述伯伦知理论哲学与史学两派正邪利弊的观点，认为"二者实政治学之左右翼，须臾不可偏废"。接着分十五章依次论述国家的概念与观念、国家起源、人民、国民、种族、国家与家族及个人、国家兴亡、国家目的、政体及主权等内容。

《国家学原理》是高田早苗自 1896 年起一直在东京专门学校日语政治科教授"国家学"（1900 年度起改称"国家学原理"）课程的讲义录，不仅引述伯伦知理关于国家学的定义与研究方法作为全篇的开头，而且整部讲义的目次也与伯伦知理的《一般国家学》（*Lehre vom modernen Stat.*：*Allgemeine Statslehre*）的英译本《国家的理论》（*The Theory of the State*，1895）大体相同。

高田早苗在讲授伯伦知理国家论的同时，也在英语政治科开设"伯吉斯政治学"，主要介绍伯吉斯的《政治学与比较宪法》，并将威尔逊的《国家》（*The State*：*Elements of Historical and Practical Politics*）译成日文版，书名取"国家学泛论"，作为政治科的讲义录（明治二十六至二十八年）。接着又将该译本改名为"政治泛论 一名沿革实用政治学"。在"译者序"中盛赞威尔逊"兼学英、法、德学，属历史学派中人，但并未拘泥于此……实为美国新学派之泰斗"，其所著《政治泛论》即使在欧美"都是屈指可数之珍本，无疑更应成为我邦政法学生之宝典"。①

高田早苗翻译的《政治泛论》也被译成中文版，在 1903 年由广智书局和商务印书馆出版了两种书名同为"政治泛论"的

---

① ウッドロオ・ウィルソン『政治汎論』，高田早苗訳，東京専門学校出版部，1895 年。

译本。威尔逊非常强调政治研究的客观立场和事实分析。关于国家起源问题，他批评神意说和民约论，谓"政治之事，非创于神而授之人，亦非全成于人，盖由人及家族，自然而生也"。他也不使用公法上的主权概念（Sovereignty）作为政府本质及分类的标准。在他看来，政府是"以一人或数人或一社会之意思，因公共事务实行其目的而组织"的，政府必借强力（Force）才能施行权力（Authority），而强力、权力之本在于社会习惯或意思。政体"皆依社会之性质、发达之程而定者也"。"政府之成，谓其由于理论，无宁谓其由于经验也"，"只用理论，不征事实，决难得良果"。无论是关于国家的起源还是对于政府的认识，威尔逊都偏重历史研究和比较分析。[①] 他甚至坦言研究政治学的方法只限于历史的与比较的这两种方法。[②]

另外，刊载于《译书汇编》上的《政治学研究之方法》同样译自高田早苗的讲义，其关于政治学的分类与内容构成，与前述《国家学原理》第一章介绍国家学的定义基本相同，大体上采纳了伯伦知理和那特硁的观点。关于政治学的研究方法，高田认为宜一面推之于哲理，一面须征之于事实。但他更强调历史事实对于研究政治学的重要性，称历史学是政治学的基

① ［美］威尔逊：《政治泛论》上册，高田早苗原译、章起渭重译，上海：商务印书馆1913年重印本。

② Woodrow Wilson, *The State*: *Elements of Historical and Practical Politics*, Rev. ed., "Preface," D. C.: Heath & Co., Publishers, 1898.

础，若不据历史而骛入空理，结果比较危险，而习史须注目于大势，不可拘泥于区区之事。

上述《政治学》《国家学原理》《政治泛论》等汉文译本都译自高田早苗的日文讲义或译本。此外，同属于东京专门学校、早稻田大学系统的汉译政治学著作还有市岛谦吉著、麦曼苏译的《政治原论》（1902 年）。《政治原论》的第一章泛论政治学，谓政治学就是"有上下关系之政治社会求其齐一者，以定一定之规律也"。政治学虽然尚未进步到理学那种地步，但是"人心有一定之规律可知，即政治社会有不易之常则"，政治学必可成为一种学术。第二章论政治之目的，谓人生以幸福为目的，则政治的首要目的在于保护人的幸福，其次为增进人之幸福，而"政治之本旨断无为多数而限制少数幸福之理"，"唯求不矛盾公众幸福之法，而求己之幸福"。第三章论政治之起源，逐一反驳神命说、契约说、心理说，认为这三派观点皆不足以阐明邦国之起源，若据事实而论，最可取者莫过于进化论。第三章以下各章依次论述主权、政体、宪法、代议制、选举、议会、政党、政权的三大部门（立法、行政与司法）之关系、中央政府、地方政治、属国政治。① 该书日文原著显示，其所参考者主要为英美两国学者的著作，包括吴尔玺的《政治学》、阿莫斯（Sheldon Amos）的《政治学》和《宪法论》、梅因（Henry Sumner Maine）的《宪法史》、斯宾塞的《社会

---

① ［日］市岛谦吉：《政治原论》，麦曼苏译，上海：广智书局 1902 年版。

学》等。

　　总体来看，源于东京专门学校、早稻田大学系统的汉译政治学文本多译自高田早苗的政治学讲义或译著。高田早苗（1860—1938 年）是早稻田大学首任校长，也是早稻田大学清国留学生部的主要创办人。他自从东京大学文学部毕业后即参与创办东京专门学校，此后近三十年中作为早稻田政治学的中心人物一直活跃于政治学前线，讲授"国家论""政治学""宪法论"等课程。高田早苗的政治学思想在方法论上一直重视历史，被视为明治维新后日本政治学中"实证学派"的开创者之一。① 高田本人在去世的前一年曾说，"在帝大方面政治学逐渐德意志化，所谓国法学也即以公法研究为主的同时，早稻田虽然也没有忽视法律的公法研究，但是主要是在历史的基础上来开始政治学的研究"。②

　　高田早苗所说的"帝大方面"是指东京帝国大学法学部的政治学深受德国国家学和国法学影响的事实。东京大学成立后，政治学的课程于 1878 年秋季开始由美国人费诺罗萨担任讲授。1881 年，站在普鲁士式国家主义立场上的岩仓具视、伊藤博文、井上毅等人，在围绕国会开设及宪法制定等问题的争论上，战胜了主张英国式立宪主义的大隈重信等人，从而确立了明治国家体制效仿普鲁士的方向，大学教育也因此向德国学

---

① 蝋山政道『日本における近代政治学の発達』，東京：新泉社，1970 年，第 106—107 頁。
② 高田早苗「政治学と政治」，『早稲田学報』第 508 号，1937 年 6 月 10 日。

倾斜，特别在法学部，继承了可以称为绝对主义官僚养成课程的官房学流派的国家学开始盛行。[①] 一批法学、经济学、政治学的教员在东京大学组织成立了国家学会，并发行《国家学会杂志》。 与此同时，聘请了一批德国学学者来校任教，其中就包括那特硁。

那特硁于1882年4月受雇于东京大学，到1890年5月满期解任。 在东京大学他先后给文学部和法学部的学生用英语讲授政治学和行政学等科目。 那特硁归国后，他的学生山崎哲藏等将其部分讲义译成日文出版。[②] 本名为"政治学"的著作引起了康梁派人物的关注。《清议报》第66册上刊登了《政治学》上卷"国家编"中部分内容的译文。 1902年，广智书局出版了冯自由翻译的《政治学》，分"国家编""宪法编""行政编"三卷。 同年，商务印书馆出版了戴翼翚、王慕陶的同名译本，但其内容只相当于原著的"国家编"。

那特硁说："政治学者，研究国家之性质及其作用之一科学，而又为数科学之集合体也。"研究政治学，不可不根据地理学、人类学、心理学、人种学、伦理学等各种科学。 政治学分为普通政治学、国内政治学（国法学）和国外政治学（国际法），国内政治学又分为宪法学和行政学。 其三卷本的《政治

---

① 大塚桂『近代日本の政治学者群像—政治概念論争をめぐって—』，東京：勁草書房，2001年，第16—19頁。
② ラートゲン 講述『政治学』，山崎哲蔵、李家隆介訳述，東京：明法堂，1892年。

学》正是依据这样的分类展开的，上卷为普通政治学，研究国家的性质、起源、沿革、形体等；中卷和下卷分别论述宪法和行政学，合为国内政治学。

关于"国体"与"政体"，那特硁认为，国体因主权的主客体所在而变化，主体在君主为君主政体，主体在国民则为民主政体；主权的机关为政府，执行主权的形式为政体，不外独裁（亦曰专制）和立宪（亦曰"制限"，即权力制衡之意）两种政体。"政体之良否，不在政府形式之美恶，因积古发达之程度与现在成立之事情而定者也。其形式不完全而切中于程度及事情者，是为善良政体；其形式虽整齐而不切中于程度及事情者，决非善良政体。"故欲仿共和制，过于急激，则必陷奇险。他激烈批评以卢梭为代表的契约说，认为"此理论之结果，不与群体以分寸之安宁，不加国家以毫发之巩固，反使人群基础以是倾颓，政治组织因之泯灭，创亘古未闻之大革命……革命之惨酷，盖未有其比者"，而赞同伯伦知理和沃拉斯（Graham Wallas）等人所倡导的国家人性说。

那特硁还指出"国家概念"（Conception）与"国家观念"（Idea）的区别，前者为国家实际所有之普遍本质与特质，后者为理想所认不可缺之本质与特质。自古以来，因理想不一，形成了政治国家说、个人国家说、君权国家说、法治国家说、有机国家说、教化国家说、国民国家说等各种学说，但皆不能切中国家的本性与全貌。国家本性，源于国家实体，基于立国目的。国家宜视国民发达之程度，或偏于保护其既得者或偏于开发其未得者。 因此，就国权的范围而言，"国权私权之界，实因国家特别之事情而定，故干涉主义及自由主义，亦不能一律是非之也"①。

1903 年 7 月，湖南编译社出版了由杨毓麟翻译的小野塚喜平次的《政治学大纲》一书。《政治学大纲》原著分为上、下两卷，上卷于 1903 年 5 月初版发行，下卷于同年 12 月发行。杨毓麟翻译的只是原著的上卷，共两编内容，分别是：第一编绪论，介绍"学"与"政治学"的定义；第二编国家原论，论述国家的性质和分类，以及国家的发生、盛衰与消灭。

小野塚喜平次（1871—1944 年）是东京大学政治学谱系中继那特砭之后的标志性人物。 他于 1892 年至 1897 年在东京大学学习政治学，之后由日本文部省派往德国海德堡大学和巴黎政治学校研究政治学，受到海德堡大学的国家学大家耶利内克（Georg Jellinek）和巴黎政治学校创办者布特密（Emile Boutmy）的学术指导；1901 年留学回国，后在东京大学担任政治学讲座教授。 其代表作《政治学大纲》被评价为日本近代政治学的基石，实现了小野塚致力使"政治学从对其束缚的国家学里独立出来"的抱负。② 但也有学者认为小野塚参照了耶利内克的《一般国家学》（*Allgemeine Staatslehre*，Berlin，1900），"他的政治学仍然是国家学，明显没有完全抹去国法学

---

① ［德］那特砭：《政治学》上卷"国家编"，冯自由译，上海：广智书局 1902 年版。
② 蜡山政道『日本における近代政治学の発達』，東京：新泉社，1970 年，第83頁。

的味道"。①

　　小野塚称政治学有广义和狭义之分，广义政治学是指人类
社会中关于国家现象研究的诸学科之总称，谓之国家（诸）学
或政治（诸）学，由于政治社会的特征在于国家之存在，所以
日本向来多在此广义上通用国家学和政治学的名称。关于国家
的研究，有纯理与应用之别，故国家诸学或广义政治学亦分纯
理与应用两种。纯理研究，有主记述的，如政治史、政治地
理、政治统计等；有主说明的，或从法规方面观察国家组织而
说明的，如国法、行政法、国际公法，或从事实方面观察国家
活动而说明的，即国家原论。应用研究，有泛论与各论之分，
前者为政策原论，后者如行政学、经济学之政策论（如农业政
策、工业政策、商业政策等）。合国家原论与政策原论，是为
狭义政治学。狭义政治学是说明国家之事实且论其政策的基础
之学。

　　小野塚以狭义政治学为研究对象，《政治学大纲》正是按照
他所定义的狭义政治学编撰的，分"绪论""国家原论""政策
原论"三编。"国家原论"是从事实上说明国家的过去及现在
的原因和结果；"政策原论"则从政策上研究国家现状及其将
来，以定将来政策行使之方针。

　　"国家原论"编分章论述国家的性质与分类，国家的发

---

① 吉村正『政治科学の先駆者たち：早稲田政治学派の源流』，東京：サイマル
　　出版会，1982 年，第 5—6、34—35 頁；大塚桂『近代日本の政治学者群像——
　　政治概念論争をめぐって』，東京：勁草書房，2001 年，第 46—47 頁。

生、盛衰及消灭。 关于国家性质，小野塚完全依据耶利内克的
《一般国家学》，列举诸说，并加以评论，然后归纳出国家的定
义："国家者，在一定之土地有统治组织而转相继续之人类社会
也"。 至于国家分类，他认为在各种不同的分类标准中，最著
名且重要的是根据国家最高机关分类之说。 据此可区分为国体
分类和政体分类。 关于前者，他以在国法上何人占国家的最高
地位为标准，将其区分为君主国体与共和国体，再将共和国体
分为贵族国体与民主国体；至于后者则以有无宪法可被分为立
宪政体和专制政体。 在国家发生的问题上，小野塚认为神意
说、契约说、势力说等哲理研究的观点不属于国家发生所当研
究之范围，也不能从法理上研究，只能基于对历史事实的归
纳，即以开始具备国家三要素（土地、人民、统治）作为国家
发生的标志。 同理，国家三要素苟缺其一即为国家之消灭。
在政治学上研究国家之消灭主要是论统治权之消灭，皆须从事
实上分析，与国法学、国际法学依外观形式等不同。

　　除了源自早稻田大学和东京大学的政治学译本，还有其他
来源的译本，其中所传达的政治学概念也不应忽略。 如由马君
武和谢无量于 1902 年 12 月在上海创办的《翻译世界》上刊载
的《政治泛论》和《政学原论》，均为日文原著的部分译文。
《政治泛论》译自永井惟直的『政治汎論』（博文馆，1900
年）。 其对"政治"和"政治学"的解释是："政治者，国家主
权之运动所以统治其领土及臣民者也。"政治起源于强者之权
力，政治的目的是"主权者所以统治其领土臣民而以贯彻国家

之目的者也"。 国家有永久的目的，政治则为达国家目的之途径和手段，因其时代而生变化，或主干涉，或主保护，是以制定宪法，立权限机关，置军备、饬财政，注意外交政策等。 他强调国家与政治是两个不同的概念，二者不可混同。 既然政治是国家的活动，那么政治学就是研究国家活动的学问。 政治与政治学的区别主要在于前者属于技术的、实际的，后者属于科学的、形式的。①

《政学原论》译自赤坂龟次郎译述的『政学原論』(丸善，1902 年)之前五章，原著是英国人赖烈 (Thomas Raleigh) 在牛津大学的讲义 *Elementary Politics* (London： Oxford University Press， 1886)。 第一章讨论社会起源，认为社会形成的原因在于人类合群的本性和应对生存环境的逼迫，斥卢梭的民约论为悖谬。 第二章论述原始社会状态，涉及风俗习惯、社会团体的发展、政治权力的产生和私有财产的起源。 第三章概论希腊政治、罗马法律、基督教。 第四章综述近世社会，涉及文艺复兴、宗教改革、自由贸易和民权主义等内容。 第五章论近代国家组织，谓近代国家组织多以三大原理为本，即王政主义（君主主义）、贵族政主义、民政主义（民主主义）。②

上述之外，尤需关注严复翻译的《社会通诠》（商务印书

---

① ［日］永井惟直:《政治泛论》,《翻译世界》第 1—4 期, 1902 年 11 月 30 日、1902 年 12 月 30 日、1903 年 1 月 29 日、1903 年 2 月 27 日。
② ［英］赖烈:《政学原论》, 赤坂龟次郎译述、翻译世界社重译,《翻译世界》第 3 期、第 4 期, 1903 年 1 月 29 日、2 月 27 日。

馆，1904年）。《社会通诠》译自英国法学家甄克思（Edward
Jenks）的《政治简史》（*A History of Politics*, London:
J. M. Dent&Co., 1903）。《政治简史》以探讨国家特别是近
代国家的起源与发展为主题。甄克思认为，人类已经历了蛮夷
社会（图腾社会）、宗法社会（家长制社会）、国家社会（军国
社会）三种时代不同的社会形式；国家是全体人的共同体，是
自然生长而非人为制造出来的；所有现代国家都拥有主权，由
于各国历史不同，无论主权所在还是政府的形式，抑或立法、
行政、司法三权的关系，以及中央与地方权力架构有何差异，
各种制度的安排并无优劣之分，只要适合其国情即可。

严复的译文非常清楚地传达了近代西方国家观念中的"主
权"观念与"领土"观念。除了领土和主权，人民（people）
也是近代国民国家的构成要素。在甄克思的原著中，
"individual"是指"作为一种与类别、群体、国家等相对的存在
物"，通过追溯历史，他发现"个人在社会发展的早期阶段并不
是构成社会的基本单位，只是到了宗法社会解体以后，个人才
获得解放，成为构成社会的基本单位"。严复将甄克思原文中
构成社会基本单位的"individual"译作"小己"或"个人"，目
的在于突出国家与构成国家的个人之间的对立与互动关系，认
为把个人作为社会的本位是一种"天演极深、程度极高"的令
人向往的理想社会。

严复虽然较为准确地理解了原作的含义，但是他选择的一
些翻译词汇在当时日文翻译盛行的语境下容易引起误解。如将

原文中的 tribe、clan 等词译作"民族";而将 nation 译作"国民",将其理解为在消灭了 tribe 这一社会政治组织的基础上建立起来的、近代的或具有近代意义的社会政治组织,它不同于"国家"(state),但要通过"国家"实施政治管理。这样他所说的"民族主义"实际上是指宗法社会阶段的部落观念或宗族主义,并非近代意义上的民族主义,而时人多将 nation 译作"民族",并在此意义上理解民族主义,由此引发了章太炎、胡汉民等革命论者对他的批判。①

作为曾留学东京专门学校也是译书汇编社的骨干成员,杨廷栋编纂的《政治学教科书》可能是中国人自己撰写的第一部政治学概论性质的著作,也可能是清末学堂里最早使用的政治学教科书。该书从政治学的分类和方法学派说起,接着依次介绍国家、法律、权利自由、政体、国宪、主权、三权分立学说、大臣官吏及政党、自治制度以及欧美主要国家的政治。他说政治学分为国内政治学与国外政治学两种,"国内政治学者,所以考求一国国内之政事,即所谓国法学也。国外政治学者,所以考求国与国相关之政事,即所谓国际学也。而其间国内政治又分为宪法学、行政学二种。国外政治又分为国际公法、国际私法二种"。② 他将国内政治学等同于国家学,且又分为宪法学、行政学两种。这明显就是那特砼《政治学》中的分类观

---

① 参见王宪明《语言、翻译与政治:严复译〈社会通诠〉研究》,北京:北京大学出版社 2005 年版,第 100—110、120—130、195—208 页。
② 杨廷栋:《政治学教科书》,上海:作新社 1902 年版,第 1 页。

点，但其直接来源应该是高田早苗在东京专门学校的讲义《国家学原理》。

上述各种译本或直接给出"政治学"的定义，或围绕着国家起源、国家的本质和形式、政府的结构和职能、个人与社会及国家的关系等问题展开论述，尽管存在着不同的观点，但是大致相同的话题以及"政治""国家""主权""国体""政体"等共享的词语概念，间接勾勒出政治学概念的内涵和外延，为时人认识政治学提供了文本依据和知识资源。

三、 建国与新民：梁启超的"政治学新论"

新政初期，留日学生虽是译介政治学的主要力量，但是他们阐述和运用政治学概念的论著并不多见。 相比之下，此一时期梁启超通过"东学"所获知之政治学认识在众人之上，他不是简单地重复日人教科书中的"政治学"概念，而是把中国与列国置于历史进化的不同阶段，以西方政治学的原理来比照中国的传统与现实，思考如何变革中国、建造民族国家的问题。

庚子勤王事败后，梁启超应澳洲保皇会邀请，居澳半年，于光绪二十七年（1901 年）四月返回日本。 在此前后发表了《中国积弱溯源论》，其中心思想还是延续他此前"国"的概念，将"国"等同于国民而非朝廷与奴隶。 此时梁启超仍以西方民族国家作为最高层次，而以中国作为过渡时代的大国，①故其目标为致力于国民国家的建立。然而八国联军的入侵以及随后列强为争夺中国权益而进行的外交活动和提出的对华政策，如门户开放政策，引起他的警觉，于是作《灭国新法论》，揭露列强不同于以往的侵略手段。

梁启超稍后发表的《国家思想变迁异同论》②，通过参照伯伦知理的《国家学》和有关帝国主义的论说，指出亚洲处在"帝国主义（指 18 世纪前的旧帝国主义）与民族主义相嬗之时代"，而欧洲则进入民族帝国主义全盛时代。"民族主义者，谓国家恃人民而存立者也，故宁牺牲凡百之利益以为人民。帝国主义者，言人民恃国家而存立者也，故宁牺牲凡百之利益以为国家，强干而弱枝，重团体而轻个人。"二者的思想源动力不同：民族主义来自平权派，"卢梭之徒为民约论者代表之"；民族帝国主义源于强权派，"斯宾塞之徒为进化论者代表之"。"凡国而未经过民族主义之阶级者，不得谓之为国。……顽锢者流，墨守十八世纪以前之思想，以欲与公理相抗衡，卵石之势，不足道矣。吾尤恐乎他日之所谓政治学者，耳食新说，不审地位，贸然以十九世纪末之思想为措治之极则，谓欧洲各国既行之而效矣，而遂欲以政府万能之说，移殖于中国，则吾国将永无成国之日矣。知他人以帝国主义来侵之可畏，而速养成

---

① 《过渡时代论》，《清议报》第 83 册，1901 年 6 月 26 日。
② 参见《清议报》第 94、95 册，1901 年 10 月 12、22 日。

我所固有之民族主义以抵制之，斯今日我国民所当汲汲者也！"在《论民族竞争之大势》中，梁启超再次强调"由世界主义而变为民族主义，由民族主义而变为民族帝国主义，皆迫于事理之不得不然"，"今日欲救中国，无他术焉，亦先建设一民族主义之国家而已"。① 直至《答某君问法国禁止民权自由之说》中，他仍明确表示："卢梭民约论等学说，诚已为西人所刍狗，然其精神则固一贯也。 一贯者何？ 曰：皆以谋最大多数之最大幸福而已。 此就今日之泰西言之也。 至于中国，则未可语于此，盖必先经民族主义时代，乃能入民族帝国主义时代。 ……故医今日之中国，必先使人人知有权，人人知有自由，然后可。《民约论》正今日中国独一无二之良药也。"②

按照梁启超所说的"今日欲抵当列强之民族帝国主义，以挽浩劫而拯生灵，惟有我行我民族主义之一策；而欲实行民族主义于中国，舍新民末由"③这一逻辑，"新民"也即开民智便是当务之急。 为此，梁启超介绍了众多西方的政治学家、政治学说。 先是以中江兆民翻译的《理学沿革史》为蓝本，在《清议报》上连续发表了《霍布士（Hobbes）学案》《斯片挪莎（Baruch Spinoza）学案》《卢梭（Rousseau）学案》，其中也表达了他反对君主专制的态度。《清议报》停刊后，梁启超在

---

① 《论民族竞争之大势》，《新民丛报》第 2、3、4、5 号，1902 年 2 月 22 日、3 月 10 日、3 月 24 日、4 月 8 日。

② 《答某君问法国禁止民权自由之说》，《新民丛报》第 25 号，1903 年 2 月 11 日。

③ 《新民说一》，《新民丛报》第 1 号，1902 年 2 月 8 日。

《新民丛报》上继续介绍和评述西方政治学者及其学说，称赞"孟德斯鸠实政法学之天使"，卢梭的《民约论》是"法国大革命之原动力"，伯伦知理的国家学说使"国家主义乃大兴于世"，达尔文的进化论则是近世民族帝国主义的理论由起。[①] 梁启超还以专文介绍孟德斯鸠的政体论、伊耶陵（Jhering）的权利思想、边沁的功利主义、亚里士多德的政治学说、康德的政治论和伯伦知理之学说；也曾撰文解释一些政治学理，如"君主无责任义""最大多数最大幸福义"。[②]

另一方面，梁启超运用西方的政治学理论，对比分析中西政治异同，揭示中国政体的实质与弊端。如指出"尧舜果有禅让，则其事亦与今日民主政体绝异"，"其功德不在能开辟民政，而在能确立帝政"，为中国中央君权之滥觞。又认为中国的官制"最讲牵制防弊之法，然皆同其职而掣肘之"，而立法之事本并无之，则更无分权可言。[③] 关于政府与人民的关系，他相信政府成立的原理在于卢梭的民约论，"近儒每驳其误，但谓此义为反于国家起原之历史则可，谓其谬于国家成立之原理则不可"；同时结合约翰·密尔所著《自由原理》，提出要防止多数专制，以保护少数势弱人群。而中国先哲的仁政说与西儒倡导的自由，则"形质同而精神迥异，其精神异而正鹄仍同"。

---

① 《论学术之势力左右世界》，《新民丛报》第1号，1902年2月8日。
② 《政治学学理摭言》，《新民丛报》第15、18号，1902年9月2日、10月16日。
③ 《论立法权》，《新民丛报》第2号，1902年2月22日。

所谓形质同而精神迥异，是指在仁政观念中，"政府若能畀民权，则亦能夺民权"；所谓精神异而正鹄仍同，是指二者皆以公益为鹄的。[1] 再以中国历史与亚里士多德、孟德斯鸠、墺斯陈（John Austin）、一木喜德郎、喇京（即那特砭）的政体分类表以及各国政体变迁大势对照，论述中国封建制度渐灭而君权不断强化的过程并揭示其原因。[2] 进而分析中国历代君统衰乱灭绝的十种厉阶，结论是专制政体"实数千年来破家亡国之总根原"，"有百害于君主而无一利"。[3]

在梁启超看来，"中国万事不进，而惟于专制政治进焉"，中国的专制政体之所以能长期延续是因为有其适宜的文化土壤。因此，他不仅抨击中国的专制政体，也猛烈批判中国的文化与国民性。梁启超"是时之主旨以为欲新其国，必先新其民，必新其民必输入各种新民之知识"[4]，故有《新民说》之作，鼓吹权利、自由、自治、进步、自尊、合群思想，介绍民约论、政体论、功利主义等政治学说，为塑造国民、建立民族主义国家提供理论指导；同时转述中外人物、民族史传，如《匈加利爱国者噶苏士传》《意大利建国三杰传》《张博望班定远合

---

[1] 《论政府与人民之权限》，《新民丛报》第 3 号，1902 年 3 月 10 日。
[2] 《中国专制政治进化史论》，《新民丛报》第 8、9、17、49 号，1902 年 5 月 22 日、6 月 6 日、10 月 2 日，1904 年 6 月 28 日。
[3] 《论专制政体有百害于君主而无一利》，《新民丛报》第 21 号，1902 年 11 月 30 日。
[4] 清华大学国学研究院、中华书局编辑部编：《梁任公先生年谱长编稿本》第 5 册，北京：中华书局 2015 年版，第 2516 页。

传》《斯巴达小志》等，以彰显爱国主义者的力量与影响。 他还将法家定位于国家主义，认为"管子一书实国家思想最深切著明者"。① 甚至公开指出康有为缺乏国家主义，而他自己则"专驰心于国家主义"。② 尽管梁启超这时自称信奉国家主义，但其目标则是建立近代民族国家，其所据之理论是欧洲 18 世纪的自由民权学说，并非 19 世纪作为民族帝国主义哲学基础的国家主义。 因其在用词上并非始终注意一致性，有时难免混用国家主义的表述。

从《新民丛报》的发行量和读者人数③来看，梁启超的启蒙宣传受到了广泛关注。 他的好友黄遵宪当时就来信告诉他："此半年中中国四五十家之报，无一非助公之舌战，拾公之牙慧者，乃至新译之名词，杜撰之语言，大吏之奏折，试官之题目，亦剿袭而用之。 精神吾不知，形式既大变矣；实事吾不知，议论既大变矣。"黄遵宪虽然赞赏梁启超关于权利、自由、自治等论述为自己所欲言而未能言之"精思伟论"，却也担忧其有关"破坏主义"的宣传只会导致政治动乱与社会崩坏——"胥天下皆懵懵无知，碌碌无能之辈而已。 以如此无权利思想，无政治思想，无国家思想之民而率之以冒险进取，耸之以破坏主义，譬之八

---

① 中国之新民:《论中国学术思想变迁之大势》,《新民丛报》第 5 号, 1902 年 4 月 8 日。

② 《南海康先生传》,《清议报》第 100 号, 1901 年 12 月 21 日。

③ 参见周佳荣《言论界之骄子: 梁启超与新民丛报》, 香港: 中华书局 2005 年版, 第 10—21 页。

九岁幼童授以利刃，其不至引刀自戕者几希。"①

如同黄遵宪的担忧，梁启超也不时地流露出他对自由民权是否适合当时中国的疑虑。如在《政治学学理摭言》中，他提到德国奈志埃（尼采）、俄国坡鳌那士德夫（Константи́н Петро́вич Победоно́сцев）、法国波流（Paul Leroy-Beaulieu）等在各自的近著中攻驳多数专制或政党议会政治之弊，这让他意识到了"最大多数最大幸福"说的局限。但"两害相权则取其轻"，舍此又能如何？因为他将其视为当日欧美"过渡时代之文明"，而中国则"并过渡时代而未能达者"。在表彰"救国女杰"罗兰夫人的《近世第一女杰罗兰夫人传》中，梁启超感叹法国人不像英国人那样能自治，"不能自治之民，则固不可享平和，亦不可以言破坏。……故以无公德、无实力之人民，而相率以上破坏之途，是不啻操刀而割其国脉也"。在《亚里士多德之政治学说》中，梁启超结合政治学理，进一步指出："民智、民德之程度，未至于可以为民主之域，而贸然行之，此最险事，言政治者所不可不熟鉴也。""苟一国政权而在彼最少数者，彼等骄奢淫逸，不事民事，甚者朘括人民之脂膏以为己肥，其害国莫大焉。反是而在彼最多数者，彼等无学识，无经验，不能事事，甚则虏掠富者之财产，陷于无政府之惨状，其害国亦莫大焉。故莫如执两端而用其中，使国之政权常在次多数之中等社会，

---

① 丁文江、赵丰田编：《梁启超年谱长编》，上海：上海人民出版社1983年版，第301—307页。

则常能调和彼两阶级，而国本以固矣。"

梁启超的政治学说由自由主义向国家主义的彻底转变，是他于1903年2月20日至11月11日旅美期间完成的。 10月4日发表在《新民丛报》第38·39合刊号上的《政治学大家伯伦知理之学说》一文标志着梁启超告别了卢梭的民约论，转而接受了伯伦知理、波伦哈克的国家主义学说。 梁启超说："吾心醉共和政体也有年，国中爱国踸踔之士之一部分，其与吾相印契而心醉共和政体者亦既有年。 乃吾今读伯、波两博士之所论，不禁冷水浇背，一旦尽失其所据，皇皇然不知何途之从而可也。 如两博士所述共和国民应有之资格，我同胞虽一不具，且历史上遗传性习，适与彼成反比例，此吾党所不能为讳者也。 今吾强欲行之，无论其行而不至也，即至矣，吾将学法兰西乎？ 吾将学南美诸国乎？ 彼历史之告我者，抑何其森严而可畏也。 岂惟历史，即理论吾其能逃难耶？ 吾党之醉共和，梦共和，歌舞共和，尸祝共和，岂有他哉，为幸福耳，为自由耳。 而孰意稽之历史，乃将不得幸福而得乱亡；征诸理论，乃将不得自由而得专制。"

与《政治学大家伯伦知理之学说》同期刊登的还有《新民说·论私德》，这意味着《新民丛报》所标榜的"德育方针"和"政学理论"宗旨同时开始转变方向。《论私德》一文较长，后有续刊，其中论述了公德与私德之关系、私德堕落的原因、私德之必要等问题。 梁启超访美回国后由谈"公德"转而论"私德"，其原因在于梁启超认为确立公德所需要的国民教育现在无法实施，而破坏主义的道德观却非常盛行，结果是源于欧洲的"自由、平等、权利、破坏"等"公德"学说反而堕落为将自己的胡作非为合理化的口头禅。于是他停止了宣传公德，转而提倡将"王学"（阳明学）作为私德的典范。大约在两年之后，梁启超的立场又发生变化，公开提倡"开明专制论"，所论述的不再是始自底层的新民的养成，而是由权力发动的改造与革新。导致这一戏剧性变化的原因在于梁启超同"出洋考察宪政大臣"的接触并为后者代拟奏折。①

四、新旧杂糅：国内趋新士人的政治学认知

在改科举、兴学堂的时代背景下所产生的前述政治学译本以及梁启超等旅日人士所作之政论，经由出版发行网络以及其他种种渠道在社会上流传，伴随着士人的阅读，政治学获得了广泛的传播，部分趋新士人对政治学概念也有了自己的认知。

众所周知，孙宝瑄在他的日记中留下了不少阅读新学译本的记录，其中包括伯吉斯的《政治学》、伯伦知理的《国法泛

---

① [日]狭间直树编：《梁启超·明治日本·西方》，北京：社会科学文献出版社2001年版，第86—92页。

论》、鸟谷部铣太郎的《政治学提纲》和卢梭的《民约论》。 谓伯吉斯的《政治学》"专论民族国家政治之美","为余素所未闻","云民族国家之说,足以破大同之说","其理甚精"。 可见有关民族国家之说、政体论等对孙宝暄来说都是崭新的概念。 另在申报馆主笔雷缙编的《中外策问大观》中可见陈曾矩的一份答卷,称那特砭的《政治学》一书属于"政治总之书","讲政治学甚明瞭,立论亦不偏宕"。① 陈曾矩中举的这份答卷也被编入壬寅直省闱墨,成为包括朱峙三在内的众多士子应试科举的揣摩对象。 从孙宝暄日记和陈曾矩答卷这两例材料来看,伯吉斯、那特砭等西方学者的政治学著作已经进入上流官绅和基层士子的视野。 遗憾的是,他们没有留下更多有关政治学概念的记述。 所幸从吴汝纶、蔡元培、邓实等传统趋新士人的文字中可以看到时人对"政治学"或"国家学"的理解层次。

1901 年变通科举改试策论上谕颁布后,吴汝纶在致学政陆伯奎信中曾言:"'九通'制度之书,固非政治之学也。 求政治之学,无过《通鉴》。"②数日之后,又在复方伦叔的信中提及他对学习日本政治学的看法:"至日本政治之学,喜用西人张民权、主革命之说,用之吾国,易长疾视长上之浇风,少年习闻其语,无益有损,不如习通西文,能自读西书,择其宜于中

---

① 雷瑨编:《中外策问大观》学术卷二,砚耕山庄石印,光绪癸卯年(1903 年)仲春。
② 吴汝纶撰,施培毅、徐寿凯校点:《吴汝纶全集》第三册,黄山:黄山书社 2002年版,第 375 页。

国者传之，为有益而少弊。"①在吴汝纶看来，求中国的"政治之学"莫过于《资治通鉴》，而非记载典章制度的"九通之书"，这并未超越中国传统的"政治"观念，即追求"政的治理方法"，仍然困在帝王学的范畴里，与欧美政治学的底层原理完全不同。

在对西学阅读兴趣的驱动下，吴汝纶不久就从东文学社教习西山荣久所译《新学讲义》中了解到有关学术分科、受学次序和西方学术史的知识，并将其摘录在自己的日记中。如谓德国博士瓮特、美国博士克丁极司等皆将科学分为自然科学、社会科学和心理科学三种，政治学属于社会科学。此外，吴汝纶又将科学分为记述科学、发明科学、轨范科学，政治学和伦理学、教育学、论理学皆属于轨范科学。又提到"扑拉夺弟子呵里斯头陀耳氏……于动物学、植物学、物理学、政治学、心理学、审美学无不究通……冠绝一时"。②"扑拉夺"即柏拉图，"呵里斯头陀耳"即亚里士多德。通过接触新学译著，吴汝纶对政治学在西学分科体系中的位置以及政治学史当有所认识。

当时新政初起，如何开办学堂、设置教科是不少办学者关心的课题，蔡元培是其中的代表性人物。1900—1901年，蔡元

---

① 吴汝纶撰，施培毅、徐寿凯校点：《吴汝纶全集》第三册，黄山：黄山书社2002年版，第381页。

② 吴汝纶撰，施培毅、徐寿凯校点：《吴汝纶全集》第四册，黄山：黄山书社2002年版，第548—552页。

培利用在绍兴和上海搜集到的资料研究学堂教科问题，撰写了《学堂教科论》，其中关于学科分类的论述是受日本人井上圆了的影响。 蔡元培依据井上的"纯正哲学"讲义，将学术分为有形理学、无形理学和哲学，并以此作为基本框架制作了一个学科体系图。 在这个图中，政治学被称作"政学"，属于无形理学。 无形理学包括名学、群学、文学，群学下分伦理学、政事学、外交学，政事学又分政学（包括宪法学、行政学）、法学（包括民法学、刑法学、诉讼法学）、计学（包括财政学、农政学、工政学、商政学）、教育学、地政学、史记学、兵学。 "人群而相感，有伦理学……物群而分职，有生理学，人群而分职，有政事学，故政事者，生理之象也。 ……生理总百体于脑而司命令，义主差别，三纲以之，所谓君为臣纲，父为子纲，夫为妻纲，政事学之言也。 近之论者，主差别则灭五伦，主平等则嫉三纲，皆一孔之见也。"并将分科之学对应于孔子手定之六艺，称《春秋》为政治学。 又指"杂家者流，出于议官，于今为政学"；"政事之学，以地志、史记为初步"。①

　　当时，蔡元培撰写的《哲学总论》同样是依据井上圆了的"纯正哲学"讲义，以有形与无形、部分与统合两方面特征来区别理学与哲学，哲学具有无形的和统合的性质，分为有象哲学和无象哲学，有象哲学又分为理论学和应用学两类，理论学

---

① 中国蔡元培研究会编：《蔡元培全集》第 1 卷，杭州：浙江教育出版社 1997 年版，第 330—345 页。

包括心理学、社会学等，应用学包括论理学、伦理学、政治学等。 政治学论究一国之政治，属于"社会学之应用者"，"而社会及国家之现象似有形，而与事物之可以理学实验者，大有所异，不可不待哲学之论究也，故属于哲学"。

在《学堂教科论》出版之前，蔡元培在其所拟《剡山二戴两书院学约》中也提到过政治学，谓"平日当究心有用之学"，"学当以益己、益世为宗旨"。 学目包括关系个人自治的身理学和心理学，涉及人与人相关的教育学、政治学、社会学等，以及国与国相关的公法学，"其道义颇见于西人史本守氏之肄业要览"。① 而在此后拟订的《绍兴东湖二级学堂章程》中又将学科分设为经学、史学、词学、算学、物理学五种。 经学"分为伦理通论、政事通论两种，每种分为浅、深两界"，"政事论之浅者，于二戴记、《春秋》三传及《孟子》中，选录演讲"。史学"分为地政、国政两种。 地政者，由地球上形势、物产而发明其与人事相关之故。 国政者，专指君官所图之事"。②

从蔡元培关于学科的论述来看，他的新学知识来源并不单一，既有颜永京译斯宾塞的《肄业要览》，也有井上圆了的"纯正哲学"讲义，而《学堂教科论》中列在政事学之下的政学包括宪法学、行政学，则与那特硁的政治学分类中的"国内政治

---

① 中国蔡元培研究会编：《蔡元培全集》第1卷，杭州：浙江教育出版社1997年版，第254—256页。

② 中国蔡元培研究会编：《蔡元培全集》第1卷，杭州：浙江教育出版社1997年版，第320页。

学"（即国法学，包括宪法学和行政学）相同。"群学""政事学""政治学""国政"等词汇交错使用，加上与中国传统勾连对接，颇显杂乱。这种情况似可反映蔡元培当时虽然关注学科体系，但对政治学的具体内容的了解极为有限。

随着《清议报》《译书汇编》《新民丛报》等报刊以及日文汉译书籍在国内发行，国内也兴起了一波创办报刊热潮，其中《政艺通报》《新世界学报》等一些刊物也比较注重登载政治学方面的内容。

由邓实和黄节创办的《政艺通报》标榜的宗旨是："以博通中国政治、外国政治艺学为主义，上下古今、旁罗中外，近以备国朝掌故之资，远以继《通典》《通考》之轨。"自创办至停刊，其中政论性的文章主要出自邓实之手。在《政治学述》中，邓实说："有国家必有政治，有政治必有学术。政治者何？治此国家也。学术者何？学此政治也。是故世界内国家之进上程度何等，恒视其政治学之尚上程度何等为比例。其国内政治学发达早者，其国家发达亦早焉；其国内政治学发达迟者，其国家发达亦迟焉。国家思想之发达先于欧美而后于亚洲者，以欧美有政治学而亚洲无政治学也；亚洲国家思想之发达先于日本而后于中国者，以日本终有政治学而中国尚无政治学也。"此番言论看起来自相矛盾，一方面认为政治学就是关于治理国家的学术，另一方面又说中国尚无政治学，难道中国就没有关于治国的学术吗？若有那也不叫政治学吗？其实这是纠结于两种观念的反映，既以传统的政治即治理的概念来理解政治学，又受新潮的国家学影响，将政治学实质等同于国家思想。《政治学述》应是参考戢翼翚、王慕陶翻译的《那特硁政治学》的前言《政治学小引》以及梁启超的《中国专制政治进化史论》等资料的综述之作。①

陈黻宸创办并主持的《新世界学报》设有"经学""史学""心理学""伦理学""政治学""法律学"等 18 个不定期栏目。《序例》中说："世界之立，文化之成，榷而论之，大要有二，曰政曰学。学者所以学政也。虽然，吾不敢言政。……六经皆先王之政典也，体要具存，而亦必有其用焉。……法家者流盛行秦后，独彼白人识此精蕴，然则中国之法律可废矣。"这与邓实所谓通六经复古政的观点如出一辙。所谓秦后"独彼白人识此精蕴"，实为复兴古政与会通西方政学预设前提，因此自称刊名"新世界学报"意谓新"世界学"报（即"世界学"为一专有名词），"以通古今中外学术为目的"。据此，政治学则与先王政典或六经皆属"世界学"，具有普适性。有《新民丛报》社员来函，称《新世界学报》的分类以及文章的归类有欠妥当，如第三号以《劝女子不缠足启》入政治学便无道理。《新世界学报》就此辩称："鄙报第三号以劝女子解缠启入政治门者，朝廷创于庚子之祸，稍稍言变法，而独以解缠足、停八股为政治大更新之现象，作者首录《上谕》，原欲为下流社会导其

---

① 参见邓实辑《光绪壬寅（廿八年）政艺丛书》，光绪二十九年（1903 年）石印本，载沈云龙主编《近代中国史料丛刊续编》第 27 辑，台北：文海出版社 1976 年影印版，第 150 页。

风声，而瑞安三里之城，居民不过二千家，解缠殆得强半，篇中列名者皆首先奉行，尤为政治发达之征，故喜而登之。"①《序例》和《答新民丛报社员书》虽未标明作者，但极有可能出自陈黻宸之手，由此可见陈黻宸主要还是从中国传统的泛政治概念来理解作为"新世界学"之一的政治学，与梁启超当时所理解的政治学明显不同。

登载在《新世界学报》"政治学"栏目的文章有《政治思想篇》《论秦后政治家学派》《历代政治比较学》《劝女子不缠足启（来稿）》《病中国者三妖也》《虫天世界》《横议》《封建兴国篇》《民佣》《近世社会主义评论》《婚制改革论》《论借外兵为历代亡国之现象》，除了《虫天世界》《民佣》和一篇来稿外，其他各篇的作者都是杜士珍。杜士珍说："政治者，所以治人之不治者也。""国者政治之机体也，立国然后有君，有君然后有政治，亦立政治然后有国，而国者又民之所由积也。故欲明政治，必先明人人之权利，人人之责任，而后政治之原理乃出，民亦惧其同族之涣散，而欲立制以保卫公同之权利也，乃定其名曰政治。政者正也，正下亦正上，正民亦正君；治者平也，民不治则失其平，君不治亦失其所以为平；下不治固失其平，上不治亦失其所以为平。由政治之先天遂生政治之后天，由政治之原因乃有政治之结果。其后天与结果维何？曰一公字足以明之。政治之大纲有三：曰土地，曰赏罚，曰教育。

---

① 《答新民丛报社员书》，《新世界学报》第 8 期，1902 年 12 月 14 日。

中西哲学大儒，莫不同声相呼以公字为目的。"并列举孔子、孟子、盖宽饶、黄宗羲以及卢梭、伯伦知理等中、西政治家有关"公土地""公赏罚""公教育"的言论。① 杜士珍的"政治"概念偏重儒家的民本思想，同时勾连卢梭和伯伦知理的言论，强调"正""平""公"等意旨。

杜士珍以土地、赏罚、教育为政治之大纲和立国之枢机，以"公"为政治之目的，据此审察中国政治史，看到的是"中国二千年来历史，无一非私土地，私赏罚，私教育之祖雄"，未尝有政治稍发达之时代，导致这一结果的原因在于"无文明之敌以鼓动其竞争之势""智育未兴""民族久溷而民气之不群"等三大阻力。② 再就政治源于学术的角度来看，他认为中国"政治之学，衰败几至极点"。 春秋战国时期，诸子百家各倡其说，而秦汉以降，"百家割据之世界乃变为儒家统一时代"。孔子兼师文王周公"而为政治学之一归宿"，其后辗转传衍，迄战国复分为孟子和荀卿二大派。 孟、荀学说的区别在于：孟子主大同，荀卿主小康；孟子伸民，荀卿尊君；孟子平贵贱，荀子崇上下；孟子抑权力，荀子悬名分；孟子言道，荀卿言法；孟子言性善，荀卿言性恶。"秦汉而后二子之学虽并立不绝于天下，然荀学常通，孟学常塞，荀学常盛，而孟学常微。 ……荀卿之徒常行于天下而孟学之徒未常有一日之伸，荀学之徒常

---

① 杜士珍：《政治思想篇》，《新世界学报》第 1 期，1902 年 9 月 2 日。
② 杜士珍：《政治思想篇》，《新世界学报》第 1 期，1902 年 9 月 2 日。

负盛名见礼于当代君主而孟学之徒常贬窜饥饿而死，宇宙虽广往往无尺寸立足之地"。 显然，他以孟子学派作为孔门政治学之正宗。 其背后的逻辑正是西方民权、平等学说与孟子的民本思想具有相似之处。①

以上所举为新政初启时期部分趋新士人对来自日本的政治学概念的接触和理解，他们的一个共同特点是中西互鉴，将属于西学的政治学与中国古政、掌故之学乃至六经与儒门学说加以比照、附会或融通，对政治或政治学的概念作出看似不中不西的解说，进而运用西方政治学的基础概念或原理来解读中国传统政治，或者追溯诸子源流，重塑本土政治学谱系，此与后来"国粹学派"的政治学论述有着相似的面孔。

① 杜士珍：《论秦后政治家学派》，《新世界学报》第 2 期，1902 年 9 月 16 日。

第三章

预备立宪背景下的政治学概念谱系

日俄战争爆发后，朝野人士之间引发了立宪与专制是非优劣的舆论之争。 1906 年 9 月 1 日，清廷宣布"仿行宪政"。 从立宪呼声兴起到朝廷宣布预备立宪之后，围绕着何谓立宪、应否立宪、如何立宪等问题，朝野各方议论纷纷，其与政治学相关的内容固然极繁杂，若着眼主流，顺察脉络，兼顾个案剖析，似亦不难把握这一时期的政治学概念谱系。 大体上，朝廷青睐德、日国家学派，孙文革命派注重自然法的政治学说，康梁立宪派偏向历史进化学说，国粹派致力于发掘本土传统经典和人物事迹的近代意蕴，严复则阐发英伦学者的科学政治学。

一、 清廷预备立宪的国家学取向

　　1905 年 7 月 16 日，清廷颁发上谕，"特简载泽、戴鸿慈、徐世昌、端方等随带人员分赴东西洋各国考求一切政治，以期择善而从"，接着又增派绍英随同出洋。① 其后因吴樾炸弹袭击事件，出访人员和行程做了调整，最终由戴鸿慈和端方以及载泽、尚其亨和李盛铎分两路出洋考察。 考察期间，考察政治大臣及其随员与国外政治官僚、法政学者多有交接，通过听讲、答问和译书等方式了解各国政治制度及其学理要义。

五大臣考察结束后，条陈奏章，呈交报告和译书。 载泽上奏了《吁请立宪折》《奏请宣布立宪密折》等折，陈请改行宪政，师法日本天皇与议会并立的二元制立宪政体，并言推行立宪政治可以起到永固皇位、外患渐轻、内乱可弭三大作用。 载泽此番建言得之于在日访问期间与伊藤博文之晤谈并参考穗积八束所著《宪法表》。② 戴鸿慈、端方也先后呈递了《请定国是以安大计折》等数折以及考察报告《欧美政治要义》，奏称，"中国非急采立宪制度，不足以图强"，但必须以十五或二十年为实行预备立宪之期，以日本为"前车之鉴"，从改官制入手，官制改革"宜略仿责任内阁之制"，"宜定中央与地方之权限"。 先行研究指出，《请定国是以安大计折》《请改定全国官制以为立宪预备折》等五篇奏稿实系梁启超代拟，而《欧美政治要义》则是秘密委托日本学者有贺长雄起草的。

---

① 中国第一历史档案馆编：《光绪朝上谕档》第 31 册，桂林：广西师范大学出版社 1996 年版，第 90、96 页。
② 《泽公力主立宪》，《华字汇报》1906 年 8 月 30 日。

慈禧在听了载泽的密奏后，打消了对实行立宪可能动摇皇权的顾虑。清廷遂于 1906 年 9 月 1 日颁下《宣示预备立宪先行厘定官制谕》，宣布"仿行宪政"，并从官制改革入手。但随后展开的官制议改以失败告终。迫于革命派与立宪派的压力，清政府于 1907 年 9 月 9 日谕令汪大燮、达寿、于式枚分别充任出使英、日、德三国考察宪政的大臣。此次考察以日本为重点，达寿在日本期间，与有贺长雄、穗积八束等逐日讨论日本和欧美的宪政史以及日本宪法。后因职务调动回京，由李家驹接替其事，继续听受有贺长雄的《宪政讲义》。

达寿回国时，恰逢立宪派要求召开国会，各地立宪请愿活动风起云涌。清政府对于国会召开时间举棋不定，有主急与主缓两种意见。面对这种局面，达寿连奏三折，主张速行立宪和钦定宪法：国会不能先于宪法开设，但开设年限不妨预定昭告；"编制宪法时宜饬廷臣力守秘密"；在国会开办之前先立内阁。意即仿照日本采行"大权政治"，以免议会专制。三折的内容都是依据明治日本的立宪经验以及有贺长雄、穗积八束等人在学理上的解说。

1908 年 8 月 27 日，宪政编查馆、资政院王大臣奕劻、溥伦等会奏进呈宪法大纲暨议院法、选举法要领及逐年筹备事宜清单，其中所表达的预备立宪思路与达寿的建议如出一辙。其所附宪法大纲及议院法、选举法要领，也与达寿的奏言雷同。制宪亦采纳了达寿等人建议的秘密主义原则。而作为宪法起草者的"李家驹和汪荣宝都素重君主大权主义"，他们在起草宪法

过程中参考了伊藤博文、有贺长雄、穗积八束、清水澄等人的
著作。

《逐年筹备事宜清单》规定，1909 年厘定京师官制，1910
年厘定直省官制……1916 年一律实行新官制。 之所以再次提
起官制改革，与达寿奏陈"今日急务莫要于先立内阁、统一中
央行政机关"的主张不无关系，故朝廷训令李家驹调查日本官
制。 在李家驹的要求下，有贺长雄变更讲义次序，转而讲解官
制问题。 在此期间，李家驹奏请按照日本宪法所规定的君主大
权与责任内阁原则尽快厘定内外官制，并且建议在谘议局开办
之前速行拟定官制，以防形成议院政治之局。① 其所陈意见大
多取自有贺长雄的《宪政讲义》。

达寿和李家驹的考察成果受到清政府的重视，他们先后被
增派为宪政编查馆提调，李家驹还被授予资政院副总裁、协修
宪法大臣。 宪政编查馆提调实际负责该馆的日常工作，从事具
体工作的多为留日学生。 1911 年 5 月 8 日，清政府颁布由宪政
编查馆起草的《内阁官制》和《内阁办事暂行章程》。 宪政编
查馆和会议政务处在奏呈中明确表示，"内阁官制自以参仿日、
德两国为合宜"，"国务大臣责任所负，自当用对于君上主义，
任免进退皆在朝廷……议院有弹劾之权，而不得干黜陟之
柄"。 同日，清政府任命庆亲王奕劻为内阁总理大臣，组成责

---

① 《考察宪政大臣李家驹奏考察日本官制情形请速厘定内外官制折》，载故宫博
物院明清档案部编《清末筹备立宪档案史料》上册，北京：中华书局 1979 年
版，第 523—536 页。

任内阁，因内阁成员有六人出身皇族，故被讽为"皇族内阁"。

综上所述，从五大臣出洋政治考察到达寿、李家驹的日本宪政考察，再到清廷预备立宪方针的确立、官制改革方案和宪法大纲的制定以及"皇族内阁"的出台，这一系列的举措皆指向确保所谓的"大权政治"，而以"责任内阁制"为间接实施的制度路径，议会权力则被限定于建议、弹劾等方式，与行政权相比明显处于弱势地位。

师法日本"大权政治"的预备立宪方针以及相应的官制改革案是在咨询了伊藤博文、穗积八束和有贺长雄等日本国家学派的官僚和学者的意见之后并参照日本帝国宪法及其实际政制所制定的。因此可以说日本的国家学为清政府的预备立宪提供了政治学原理，同时也意味着清廷所确立的政治学教育必然倾向于"国家学"。官员亦作相应的提倡。贵州提学使朱福铣即"请旨饬下学部，明定宗旨，勒为章程，令全国学生一律为国家学派"。① 东三省总督徐世昌视察奉天法政学堂时训告学生"徒知卢梭之民约论，不知伯伦知理之国家学不可也"。②

作为一门学科的"政治学"课程，当时基本上只在法政学堂里开设。1906 年 6 月 11 日，御史乔树枬奏请饬各省添设法政学堂，学部随后奉旨传知各省督抚，饬令各省"应即一体设

① 《奏请定国家学派并明定宗旨事》，转引自左松涛编《辛亥革命史事长编》第 5 册，武汉：武汉出版社 2011 年版，第 57—58 页。
② 《奉天法政学堂甲乙两班学员毕业　督师都让训词学院答词》，《吉林教育官报》第 18 期，1908 年 11 月 8 日。

立"或"酌量扩充"法政学堂。① 此后各省纷纷添设的法政学堂大多参照直隶法政学堂、京师大学堂政法科大学和京师法政学堂的章程办理。 直隶法政学堂分预科与正科，正科科目有大清律例、大清会典、交涉约章、政治学、宪法、行政法等。② 京师法政学堂所拟学堂课程中也有"政治学"。③

当时各法政学堂的"政治学"课程使用的教科书主要是根据小野塚喜平次的《政治学大纲》以及他在日本法政大学法政速成科的讲义编译而成的，至少有以下数种：

（1）《政治学》，杜光佑编，"法政丛编"之一，1905 年 8 月。

（2）《政治学》，黄可权编辑，"法政粹编"第 17 种，1906 年 3 月。

（3）《政治学》，陈敬第编辑，"法政讲义"第一集第 5 册，东京丙午社 1907 年。

（4）《政治学》，郑篯编辑，商务印书馆丁未年（1907 年）三月初版。

（5）《政治学》，程起鹏编译，江苏法政学堂讲义，刊行日期不详。

---

① 《通行御史乔树枏奏请各省添设法政学堂文》，《学部官报》第 2 期，1906 年 9 月 18 日。
② 《直隶总督袁奏拟定法政学堂章程规则折》，《东方杂志》第 3 卷第 9 期，1906 年 10 月 12 日。
③ 《筹设京师法政学堂酌拟章程折》，《学部官报》第 14 期，1907 年 3 月 14 日。

（6）《政治学》，陈宗蕃编，"政法述义"第 4 种，政法学社 1907 年初版。

（7）《政治学》，刊于《广东法政学堂讲义》第一期第 1 册至第 6 册，宣统二年（1910 年）孟春发刊。

（8）《政治学大纲》，吴兴让笔述，《北洋法政学报》第 3 册（1906 年 8 月）至第 14、15 册合刊（1906 年 12 月）。

前一章提到杨毓麟在 1903 年就翻译了小野塚喜平次的《政治学大纲》上卷。上卷由"绪论"和"国家原论"两部分构成，下卷为"政策原论"编。小野塚从学与术的性质上区别"国家原论"和"政策原论"，称前者属于纯理，后者属于应用。从纯理的角度来看，将关于国家存在的理由和国家的目的等问题置于国家原论部分是合适的；但就研究政治学的精神来说，与其关注国家的过去，从事纯理的研究或只对现状进行说明，不如倾向其将来，做应用的分析，或基于现状而作出理想的决定。因此，为便于体现政治学的系统性，小野塚以国家的存在理由及其目的作为政策的前提，冠以"政策前论"，将关于政策本身的论述称作"政策本论"。

"政策前论"编分专章讨论国家存在的理由和国家之目的。小野塚指出，在此问题上自然法学派流于想象而远于事实，历史学派则专据事实而忽视理想。历史的事实固然是构成国家存在理由的材料，然仅凭此作为维系人心的基础，其论据尚显薄弱，且社会制度常随时势推移而变更，国家存在必赖众人共有的思想基础，此种思想基础随时随地而不同，如昔时盛行的宗教说和契约说已被社会进化论（即适者生存、境遇应化之原则）所取代。 国家存在之理由，固以强制组织为必要，然而国家之所为如果不善则不能达其目的。 关于国家之目的，小野塚认为，政治学上所研究的国家目的，乃指国家活动的方向，即政策所当进行的路径，政治学者当以政策为研究国家目的之标准。 此外，还有一章论述政治及政策。 小野塚给这两个概念的定义是："政治者国家机关及国民行为直接关于国家根本之活动之总称也。""政策者国家机关及一般国民将欲达国家之目的所用之手段也。"

"政策原论"编的主体是"政策本论"，这部分由国家机关、国民、内治政策和外交政策四章构成。"国家机关"一章主要讨论以下问题：如何调和国家机关与国民势力使其发挥最优效果？ 作为政治竞争，不外秩序竞争和自由竞争之两端，如何调和二者之冲突？ 国家机关的统一与分科如何相得益彰？ 政府专横则议院为之监督，但若议院专横，则以何人为之监督？ 并就国家高等机关的三大部局——统一机关（元首）、执政机关（内阁）、监督机关（议会）分别作国别的比较论述。

关于国民，小野塚指出，其于政治势力的表现主要为舆论及政党。 舆论（Opinion）有广义和狭义之分，广义的舆论是指自由发表的在社会上占优势的关于公共问题的意见；狭义的舆论指自由发表的在社会上占优势的关于政治问题的意见。 接着他对舆论的成立、舆论的价值以及国家机关和人民对于舆论应当采取何种态度等问题逐项论述。 由于政党在立宪国家政治中的影响日益明显，小野塚强调对政党研究的必要性。对于政党的利弊得失、一国政党以多少为宜、实行政党内阁制度的条件等问题，他都从理论和事实方面加以分析说明。

国家欲达其目的，关键在于政策的制定和实行，而国家机关和国民是左右政策的主要势力，那么近世立宪国家宜采用何种方针以决定其政策呢？小野塚从内治和外交两方面对此进行阐述。他认为内治政策当为改良的、众民的、自由的、合理差别的、社会的。所谓改良的就是既不可甘于保守，又须经着实的步骤，避免激进的根本变革。就此，他对改良与革命的区别标准做了较为详细的说明。"众民"译自 Democratic，意指不应只以政策的结果及于众民，决定政策也要让众民参与。"自由"有多种意涵，其要点为私人的自由和政治的自由。"私人的自由，谓各个人发表意见而为各种活动并不容其他之干涉者是也。""政治的自由，谓国家机关之活动不出乎法律规定之范围者是也。"私人的自由必以政治的自由为其根本，而国家发达即以个人之发达为要件，此为政策自由之理论。政策以众民平等为原则的同时，也要注意人的能力在事实上的差异，因此要制定合理的差别性政策。所谓"社会的"是指政策的目的须着眼于一般社会而非特殊的阶级，政策的方法不以国家万能思想为前提，不借国家之强制组织，而以个人或团体的自治为主。据此，他认为社会主义的目的和方法都是错误的。外交政策系指广义的对外政策，即各国因欲达其目的而向外部所进行的方针，包括国家的外交政策、国民的外交政策、膨胀的外交政策、平和的外交政策、世界的外交政策等。

小野塚明言他所论述的政治学是由"国家原论"与"政策原论"合成的狭义政治学，重心落于"政策原论"，着重讨论国家的目的以及如何达成的一般原则。

二、 立宪派与革命派论战的政治学理

清廷派遣五大臣出洋考察政治以及随后开展的预备立宪与国内外的立宪派皆有瓜葛。 国内方面，以江浙立宪派最具影响力，其代表人物张謇、汤寿潜、赵凤昌等事先积极策动东南督抚和枢臣，并代拟立宪折稿；全程关注五大臣出洋考察，利用《时报》《中外日报》等报刊追踪报道，从舆论上积极支持和引导。 预备立宪上谕颁发后，又纷纷组建宪政研究会、预备立宪公会等立宪团体，创办杂志，从事调查、研究和宣传，练习地方自治，乃至推动速开国会请愿运动。 海外方面，以康梁一派为主体，另有如杨度等一批留日学生。 立宪派的人脉虽非一统，但其政治主张基本上皆认同君主立宪，以日、英、德三国的立宪君主制作为中国政体改革的取法对象。 就此而言，立宪派与清廷预备立宪的基本方向是一致的，只是由于各自的动机和根本目的不同，彼此的政改方案难免歧异。 而革命派则完全

排斥君主立宪，鼓吹自由民主、革命共和，因此在面对清廷预备立宪这一现实课题时，与立宪派观点对立。

在立宪派阵营中，论文字影响力和运动之功者，首屈一指之人物非梁启超莫属。1903年梁启超美洲之游归来后，言论大变，由鼓吹"公德"转而论"私德"，强调治心治身之道学，欲借王学以维新。但其好友黄遵宪认为此举"能感人，亦不过二三上等士大夫耳"，不如采取"避革命之名行革命之实"的政治行动方略。此后，梁启超大体上循此方略行事，一方面仍主持《新民丛报》，另一方面积极沟通实权官员和有影响力的地方士绅，共同致力于推动君主立宪运动。

与此同时，拒俄运动爆发前后成立的各种革命小团体通过发行报刊书籍，宣传革命思想，并从事武装暴动，逐渐发展成引人注目的政治势力。1905年8月，革命派的统一组织同盟会成立，不久《民报》创刊，矛头直指梁启超和清政府。《民报》创刊号上就发表了汪精卫的《民族的国家》、陈天华的《论中国宜改创民主政体》《中国革命史论》等文，大肆攻斥梁启超非议革命与共和的言论。梁氏旋即于《新民丛报》上发表《开明专制论》，予以反击。由此双方各据《民报》和《新民丛报》，就种族革命、政治革命与社会革命等问题展开激烈论战，历时两年多。

梁启超认为，救国为当时中国之急务，救国必须以政治革命为唯一手段，所谓"政治革命者，革专制而成立宪之谓也，无论为君主立宪为共和立宪，皆谓之政治革命"，而"种族革命者，民间以武力而颠覆异族的中央政府之谓也"，与立宪没有任何因果关系，反而可能为列强干涉与瓜分中国提供可乘之机。能否立宪的关键在于国民要求与否，种族不同并非不能立宪的原因。满汉之争只是内竞，内竞宜以调和方式对待，不应爆发为种族革命。他甚至认为"满洲人实已同化于汉人"，所谓"种族革命"乃属无的放矢。① 汪精卫则强调满汉种族矛盾，"种族问题未能决政治问题必无由能决"，即中国不进行种族革命则不能立宪。②

双方关于种族革命的论战涉及事实论、法理论和政治论。法理论方面的核心问题是由不同民族构成的国民会对政治产生何种影响。在此问题上，双方对民族与国民的理解和争论均与伯伦知理的《国家学》有关。梁启超在《政治学大家伯伦知理之学说》一文中论述伯伦知理关于民族与国民的观点，并据此进一步提出他对中国民族与国家问题的看法。汪精卫的《民族的国民》即针对此文而作。汪对"民族"与"国民"的理解主要体现在《民族的国民》和《研究民族与政治关系之资料》二文中。而《研究民族与政治关系之资料》是对平田东助、平塚定二郎所译伯伦知理《国家论》中"论民族与国民"这节内容的重译，并加按语评论。

---

① 饮冰：《申论种族革命与政治革命之得失》，《新民丛报》第76号，1906年3月9日；《杂答某报》，《新民丛报》第84、85、86号，1906年8月4日、8月20日、9月3日。

② 精卫：《希望满洲立宪者盍听诸》，《民报》第5号，1906年6月26日。

伯伦知理明确指出德文中 Nation 与 Volk 两个概念的不同含义：Nation 表达的是一种文化的观念（the notion of a civilization），强调种族、语言与风俗习惯等；而 Volk 表达的是一种法律与政治的观念（the political idea），指基于共同意志的法律、政治共同体。汪精卫、梁启超解释和使用的"民族"和"国民"两词，分别对应于 Nation 和 Volk。"民族"（Nation）与"国民"（Volk）关系复杂，伯伦知理分析列举出其中十种具体情形，包括"谋合同族各邦以成一大国"和"国内诸民族，各殊其心，欲相分离"两种恰成对立的趋势。这就为汪、梁各自发挥提供了较大的空间。汪精卫强调的是同为国民的不同民族之间的矛盾与冲突，而梁启超则更偏重不同民族间的和谐与互利。

虽然汪精卫强调种界区分及其对政治的影响，梁启超强调政治对种界的融合与调节作用，但是双方的某些立场又是相近的。如梁启超提倡"大民族主义"；汪精卫在论战开始时高唱"民族的国民"，但后来又解释自己并非单一汉民族主义者，不排斥满汉同化。[1] 而且双方都主张中国未来要实行"民族帝国主义"，即以汉族为中心，扩张融合其他民族。由此可见，双方尽管论战激烈，但各自的基本学理依据并无多少出入，建构一个现代的国民国家是他们的共同目标，其分歧主要在于如何看待与处理现实的满汉关系。

---

[1] 精卫：《研究民族与政治关系之资料》，《民报》第 13 号，1907 年 5 月 5 日。

如果说种族革命之争的重心在于种族革命对于政治革命而言是否必要，则双方争论的另一个焦点便是政治革命本身，即关于君主立宪与共和立宪的优劣是非问题。梁启超认为"今日中国国民非有可以为共和国民之资格"，"中国今日万不能行共和立宪制"，而且尚未能行君主立宪，当以开明专制为立宪制之预备。[①] 梁启超非议革命共和以及主张开明专制，于法理上主要依据伯伦知理、波伦哈克（Conrad Bornhak）的学说，尤其后者，以致汪精卫径将波伦哈克学说作为梁启超观点"唯一之论据"而加以驳斥。梁启超则辩称只是采其近于事实论者，未曾直接承认其君主主权论。[②] 梁在致蒋观云的一封信中说："弟所谓开明专制，实则祖述笕克彦氏之说。"[③]他认为笕克彦的"合成意力说"是采卢梭之总意说而补之以霍布斯的权力说和康德的责任说。[④] 同时，梁亦依据笕克彦学说对汪精卫就孙中山的"约法论"所作的辩护进行驳斥。

革命派主张民主共和，基本上是以卢梭的民约论作为理论前提。但是卢梭的民约论在当时被认为是玄学，比伯伦知理的国家学说更加落伍，因此梁启超一再搬用德、日学者的观点对

---

① 饮冰：《开明专制论》，《新民丛报》第 75 号，1906 年 2 月 23 日。

② 饮冰：《答某报第四号对于本报之驳论》，《新民丛报》第 79 号，1906 年 4 月 24 日。

③ 丁文江、赵丰田编：《梁启超年谱长编》，上海：上海人民出版社 1983 年版，第 366 页。

④ 饮冰：《答某报第四号对于本报之驳论》，《新民丛报》第 79 号，1906 年 4 月 24 日。

其进行攻斥，目的在于破除革命派的理论依据。面对梁启超咄咄逼人之势，汪精卫在应战中几乎不引卢梭学说，实际上主要依据笕克彦的"合成意力说"。他说波伦哈克所持的"君主国家说"属于"国家分子说"，但国家之性质既非如分子说所言，亦非如有机体说所言，而是"由于个人之有规律的意力龠各个人之规律的意力萃而为合成意力"。① 在辩护孙中山的"约法论"以及应对梁启超提出国民程度不够因而不能实行民主共和的说法时，汪精卫援引笕克彦的"第一事实（即历史）"与"爱情"论，谓"国民所恃以为国者有二，一曰历史，二曰爱情，因历史而生爱情，复以爱情而造历史。……是惟当浚国民之爱情以新国民之历史。求所以浚其爱情者，自心理以言，则为教育，自事实以言，则为革命"②。革命在实行之际，使自由、平等等理想成为现实，于是"心理之感孚，速于置邮而传命也"。国民主义、民族主义、约法等因此普及到个人心理中，则革命必能成功，共和得以实现。③

可见双方皆援引笕克彦的"合成意力说"作为辩论的武器。笕克彦的"合成意力说"近乎自然法派与历史法派的折衷，他赞成契约说关于心理与总意的一面，但反对契约说只求法理不问事实的"任意契约"，主张"合成意力"应为事实的而非玄虚的或单纯法理的。为求国家整体的发展与进步，必须在

---

① 精卫：《驳〈新民丛报〉最近之非革命论》，《民报》第 4 号，1906 年 5 月 1 日。
② 精卫：《民族的国民》，《民报》第 2 号，1906 年 5 月 8 日（三版）。
③ 精卫：《驳〈新民丛报〉最近之非革命论》，《民报》第 4 号，1906 年 5 月 1 日。

"历史"与"爱情"中取得适当的结合。至于重"历史"还是重"爱情",要视具体情况而定。显然,汪精卫偏重于发扬"爱情"一面。而梁启超着重强调"历史"的一面,认为笕克彦说的"合成意力"不是靠一时刺激于感情与舆论所能形成的,即使政治家引导国民心理使之变迁进化,也须假以时日。

此外,双方还广泛征引美浓部达吉、小野塚喜平次、穗积八束、那特碦、耶尼陵、拉邦德等人的言论,来论证各自的具体观点。总之,在革命派看来,"德国学者什九排斥共和政体"①,因此他们致力于批判德国学者波伦哈克和伯伦知理的学说,也连带驳斥日本的德国国家主义学派。如柳亚子(亚卢)在《磨剑室读书记》中说:"加藤弘之,本德国学派,反对天赋人权之语,议论已偏驳不平。至谓君主虽横暴,既为人民所公认,即可为正当之权利。诚哉极端之强权说行,而世界将复流于专制矣。安得有二十世纪之卢梭出,一扫此谬种耶。"②

三、国粹学派的"政治学"论述

在发掘本土政学资源,构建本国政治学谱系方面,晚清国

---

① 精卫:《民族的国民》,《民报》第1号,1905年12月8日(再版)。
② 《江苏》第9、10期合本,台北:"中国国民党中央委员会党史史料编纂委员会"1968年版(影印本),第249页。

粹学派的表现最为突出。受日本国粹主义思潮的影响，国粹学派主张通过"古学复兴"（邓实）、"文学复古"（章太炎），在中国开展类似于意大利的文艺复兴。国粹学派的形成虽以国学保存会的成立和《国粹学报》的发行为标志，不过从该派主要人物的思想谱系来看，其实可以追溯到《政艺通报》。该派的代表人物有邓实、刘师培（刘光汉）、马叙伦和陆绍明，他们长于中国政治史和政治学术史研究，在《政艺通报》《国粹学派》上发表了多篇相关文章，阐发他们对于中国古代政治社会和学术的理解和认识，其中不乏使用"古政""政学""政治学"等名词概念。

邓实一方面承认政治学先后发达于欧美和日本，而为中国所无，另一方面又说欧洲诸国"其立政行法转有合于我二千年圣人之旧，而吾国烟雾之儒，方手注疏而口性理，日习圣人之书，瞠目若未睹，家有至宝，而遗于路人"①。因此提出以经学复古政。"六经者，人才之根本也；人才者，国家之命脉也。……经学之盛衰关乎人才之得失，人才之得失系乎国祚之短长也，后有国者，可不鉴哉！"②接着进一步阐述孔子通经致用之学与强国的关系。"先王之政，备于孔子之书，为万世制

---

① 邓实：《原政》，邓实辑：《光绪壬寅（廿八年）政艺丛书》，光绪二十九年（1903年）石印本，载沈云龙主编《近代中国史料丛刊续编》第27辑，台北：文海出版社1976年影印版，第123页。

② 邓实：《论经学有关于国政 鸡鸣风雨楼说经集》，邓实辑：《光绪壬寅（廿八年）政艺丛书》，光绪二十九年（1903年）石印本，载沈云龙主编《近代中国史料丛刊续编》第27辑，台北：文海出版社1976年影印版，第123—124页。

作，由孔子之教罔不兴，违孔子之教罔不亡。 ……若夫诵诗三
百，可以授政，春秋经世，先王之志，若是之谓学，可以强
中，可以强西，可以强一国，可以强天下。"①

邓实虽将"政治学"与六经和孔子之学区别看待，但又觉
得它们之间有相通之处，学习西方的政治学与通经致用并不矛
盾，甚至相得益彰。 这也符合《政艺通报》宣称的博通中外、
贯通古今政治艺学之宗旨。 因此他一方面选择转载那特硜《政
治学》、永井惟直《政治泛论》等译著内容，援引和发挥西方政
治学说；另一方面发掘和阐释中国政学传统，并尝试将这两方
面融会贯通。 在《鸡鸣风雨楼政治书》中，他以威尔逊和甄克
思等西方学者的学说作为论述政治起源及发展趋势的理论依
据，同时又举《尚书》《周礼》《管子》《墨子》等书中的相关言
论证明先秦时期已经推行立宪，其目的在于表达恢复中国古
政，易专制为立宪的愿望。

基于中西会通和通经致用的理念，邓实对清政府"杂采欧
美日本成文之规例"而宣布的预备立宪和官制改革不以为然，
强调要"参酌吾国旧有之制度，古先之成说，而能致谨于历
史、地理、风俗、民性之间，然后可措之有利而无弊"，故更为
重视发覆先贤政治学说，著述《顾亭林〈日知录〉之地方自治
说》《论地方自治之古义》《包慎伯〈说储〉之政治学说》《古学

---

① 邓实：《鸡鸣风雨楼著议第二学强》，邓实辑：《光绪壬寅（廿八年）政艺丛
书》，光绪二十九年（1903 年）石印本，载沈云龙主编《近代中国史料丛刊续
编》第 27 辑，台北：文海出版社 1976 年影印版，第 128 页。

复兴论》《国学真论》《永嘉学派述》《明末四先生学说》等一系
列文章，提出"政本艺末"、无学则无国、真儒之学与伪儒之学
等论断。其所谓真儒之学与伪儒之学的区别就在于前者"只知
有国"，而后者"只知有君"，君主专制和科举取士致使国学被
弃之不用，而君学则大行其世，以致国运衰乖，故主张发扬真
儒之学，废"君学"而兴"国学"。

邓实所谓的"国学"也即"真儒之学"，主要是指儒学中的
经世之学。他心目中的真儒之学以明末清初顾炎武、黄宗羲、
王夫之、颜元以及鸦片战争前后的魏源和包世臣等人的学说为
代表。关于顾炎武的"政治学"，邓实说："先生之学，以经世
为主，通经皆以致用，所谓坐而言即可起而行者也。故其论
政，必本原经史，于古今治乱兴废得失之故，皆洞悉胸中，而
后规切时弊，笔之于书，以待后王之作。……观其于人心风俗
之间，立法、用人、吏治、财赋，尤三致意。寓封建于郡县，
务去专制束湿之治，而一反之于斯民之自为，不欲使其权尽归
于人主，可谓有民政之精神矣。"①称包世臣"生平长于政治之
学"，其《说储》"多改制之言，实见于专制末流政治之弊，思
欲尽廓而清之以复乎古，其精义大抵在于达民情、重官权二
端"。"其改制立法多与近世泰西民权宪政相合"。② 他认为
魏源的《老子论》是对老子经世学说的弘扬，他不仅同意严复

---

① 邓实：《顾亭林先生学说》，《国粹学报》第 17 期，1906 年 6 月 11 日。
② 邓实：《包慎伯〈说储〉之政治学说》，《政艺通报》丙午第 20 号，1906 年 11 月
上半月。

"谓老子合于泰西民主治道，其说多与达尔文、孟德斯鸠、斯宾塞相通"的观点，还认为老子"其学得于历史经验者为多"，"《道德》五千言，纯为言治之书"。①

作为国粹学派重要成员的刘师培，其论学文字大半刊于《国粹学报》，此外亦见之于《政艺通报》。其中列在"政篇"或"学篇"的文章有《周末学术史序》《古政原始论》《古政原论》《两汉学术发微论》等。

《周末学术史序》以学科门类综论周秦诸家学说，分心理学、伦理学、论理学、社会学、宗教学、政法学等十六科学术史序。在《政法学史序》中，刘师培引经据典，先训释中国君主制度的起源与变化。谓上古之时无所谓君臣，其被推为一群之长者，则能以饮食饷民、以兵力服民，并能以神鬼愚民，此时君主即民庶中之一人，并无世袭，且有任期，"与晳种共和政体同"，任满"必另举贤者以代之"。"及图腾社会易为宗法社会，遂为王者专制之先驱"，亦为帝王世袭之始。随着宗法分封和种族征伐的推展，区分尊卑贵贱的阶级制度日益显著，"由是为君者握统治之权，为民者尽服从之责"，"降及殷周，相沿未革"。继以评述战国诸家学说。谓"儒家以德礼为本，以政刑为末，视法律为至轻。……夫人君既操统治之权，无法律以为之限，而徒欲责其爱民，是犹授刃与盗而欲其不杀人也，有是理哉？故儒家所言政法，不圆满之政法学也"。"墨家不重

① 邓实：《魏默深之老子论》，《政艺通报》丁未第5号，1907年3月上半月。

阶级，以众生平等为归，以为生民有欲，无主则乱，由里长、乡长、国君以上同于天子。而为天子者，又当公好恶，以达下情。复虑天子之不能践其言也，由是倡'敬天''明鬼'之说，以儆惕其心。是墨子者以君权为有限者也，较之儒家，其说进矣。"道家立说欲"悉废上下之等差"，"平等是其所长，而无为亦其所短"。"管子以法家而兼儒家。以德为本，而不以法为末；以法为重，而不以德为轻。合管子之意观之，则正德利用者，政治之本源也；以法治国者，政治之作用也。举君臣上下，同受制于法律之中。虽以主权归君，然亦不偏于专制。特法制森严，以法律为一国所共守耳。""大约墨家、儒家之论政法持世界主义者也，法家之论政法持国家主义者也，道家之论政法持个人主义者也，故立说各殊，折衷非易。及暴秦削平六国，易王为帝，采法家之说而饰以儒书，愚锢人民，束缚言论，相沿至今，莫之或革，此则中土之隐忧也。"①

《两汉学术发微论》承续《周末学术史序》，分别阐述两汉政治学、种族学、伦理学。《两汉政治学发微论》大意谓："汉承秦弊，君柄日崇，阉宦弄权，贵戚柄政，然博士仍有议政之权，庶民亦得上书言事……故汉儒说经，往往假经义以言政治。试推其立说之大纲，大约以人民为国家主体……则世袭制度固为汉儒所排斥矣。特汉儒虽知君位世袭之非，然以君主为一国之元首，故谓一国之政权皆当操于君主。""政由君出，故

① 刘光汉：《政法学史序》，《国粹学报》第 2 期，1905 年 3 月 17 日。

君主即有表率一国国民之责任……所谓表率国民者，非徒托居高临下之空名也"，"为民理事耳"，"即君民一体之意也"。"臣民与君一体，而君主独握主权者，则以君主当循一定之法，不得与法律相违。 ……若君主放僻自肆，则为汉儒所不与，或斥为夷狄，或斥为匹夫，故君失其道，则臣民咸有抗君之权。 ……特汉儒处专制之朝，欲伸民权之公理，不得不称天以制君。"①

《古政原始论》借助文字、器物考证，并参考近代西方学者的社会政治学说，考述国土、氏族、君长、宗法、田制、阶级、职官、刑法、学校、礼俗、古乐、财政、兵制等各项古政，包括论述君主制度的产生。《古政原论》则对君长之名称、君政之起源以及天子、诸侯和臣民的权利和义务等予以训释。

与刘师培发表上述文章差不多同时，马叙伦也在《国粹学报》上发表了《古政述微》《古政通志》《政学通义》《孔氏政治学拾微》等一系列文章。 马叙伦认为，"华古之政示于六经者灿然矣，旁及于诸子百家之说"，虽不可行于今，然其意在；而"自欧学东来，俗目眩于其语，几悉摈古政于吐弃而不屑道矣。 不知古政之行于当时，其立政之意因乎烝民情性风俗而为损益者也，虽起欧西硕辅而使理于华土，其必不能尽弃故俗"。② 又认为"学者贵能因而明之。 国有学而不能明，而转

① 刘光汉：《西汉学术发微论序：两汉政治学发微论第一》，《国粹学报》第 10 期，1905 年 11 月 16 日。
② 啸天子：《古政述微》，《国粹学报》第 1 期，1905 年 2 月 23 日。

掇拾乎异域之学，使代统而为尸，此其罪等于卖国"，因"耻古政学之失坠，学者溯典而忘祖，故述古政通志"，分为氏族、疆域、图谱、学术、教育等共 18 个志。①

马叙伦在分类论述了中国古政之后，转而比照中西，考察政学通义，论及邦国通义、国本在种姓及驭夷狄、君群之义及立君、君恣己为政有罪废黜、立法及司法之重、民得议政之权及议院、行政官及行政与司法之别等议题。如谓，"君，群也，其义视此而已。今西方之言政者，欲废君之号而以总统代其尸。吾谓使君群之义大昭乎圜矩，其守法与行权固无异于彼总统之职……君名也，群其实也，无群力而诡妄以罔君之名而冒之，是犹沐猴而冠之。""国不可以废君，废君是废群也，上无统率下必狂惑"。然君"不得恣己为政"，有罪亦当废黜。针对"颂言西方之有议院，曰是宪令之所出而为强府，遂嘻言诸夏之治"者，则声称"明堂之制，其诸西方议院之模与（欤）"！若能发扬明堂古制之立义，"则不必踵武西方而羡扶桑，无虑议院之效"。②此外，还将西方的三权分立、地方自治，以及"哲儒斯恭达祭理"关于国制分类的观点与中国古代政治进行比附论析，旨在从中国古史中发掘与西政相通甚至超越其上的政治原理。

又作《孔氏政治学拾微》，谓"六经所以探天地之玄妙而立之政法"，"皆为洙泗政学之范本"、"孔氏之政书"；"而礼乐诗

---

① 马叙伦：《啸天庐古政通志》，《国粹学报》第 7 期，1905 年 8 月 20 日。
② 马叙伦：《啸天庐政学通义》，《国粹学报》第 9、12 期，1905 年 10 月 18 日、1906 年 1 月 14 日。

书莫不于春秋乎统之。……惟《春秋》文成数万,其指数千,要莫不归于治人。故……学春秋然后知治法"。因此,该文着重阐发《春秋》治法大义。文中指出,"春秋之法莫重于深察名号","君者,名也,五科其真也,非全于五科弗以为君"。所谓"五科","曰元科、原科、权科、温科、群科",意指为君须具备仁、德,善群,讲原则,执中而临天下等品行。又谓:《春秋》欲拨乱而反正,故有三世之义,"使其自据乱而升平,渐乎太平,示治之进化未有能躐等者"。"夫欲拨乱而反诸正,其道必自捨专制而立共治始,故春秋首立让国之义"。"《春秋》之道褒仁而重智","《春秋》之旨在救民,有仁者以爱其类,有智者以除其害"。"春秋之旨,君臣父子夫妇平等之义昭然",三纲六纪,"平等之辞也,互为纲纪矣,安睹所谓尊卑于其间耶?自宋儒规然于名分之说,乃易其平等之辞,而为独贵之说","捨之则平等之义显然,昭于天地,而春秋之道行"。《春秋》重内治,"内治者,即所以整政而善教也"。"先王之法经乎上世而来者也,亦或损之,亦或益之。……损益其制非损益其意也。……制因时而有敝,意则本民生之所俱来而百王之所沿也。"诸如此类之言论,皆为发掘《春秋》之平等、博爱、强国、富民与进化之意蕴,以揭示孔子政治学之微言大义。①

同为国粹学派重要成员的陆绍明在《国粹学报》上发表了

---

① 马叙伦:《孔氏政治学拾微》,《国粹学报》第 13、15、17、18、21、26 期,1906 年 2 月 13 日、4 月 13 日、6 月 11 日、7 月 11 日、10 月 7 日,1907 年 3 月 4 日。

《论古政备于周官》《论古政归原于地利》《古政宗论》《古代政术史序》《政学原论》等一系列论文，论究中国古政与政学。其中，《政学原论》是陆绍明追溯中国政治学起源之作。他说："皇王施政，学寓乎其中，非若后世行政无序而流无源者也。太古之世，有天皇氏、地皇氏、人皇氏。天皇氏之政，斟元陈枢，与乾曜合德，合天德之政学也。地皇氏之政，神与化游，以抚四方，得道之柄，立于中央，得地利之政学也。人皇氏之政，结绳刻木，分画九州，尽人事之政学也。"此后，三皇之政学各有演变。"政治之学至周集其大成，《周官》一书首列天官，即天皇氏之政治学也；次列地官，即地皇氏之政治学也；后列春官、夏官、秋官、冬官，即人皇氏之政治学也。夫观古帝王之政治学，以此三者详求之，百不失一矣。""即诸子之政治学亦本于三皇"，管子、商子、庄子各人的政治学实分别本于天皇氏、地皇氏、人皇氏。①

　　陆绍明所理解的政治学基本上还是儒家"政"的概念之延伸。他说："政即事也，立事以正人乃事谓之政。政者正也，小而正子孙则曰家政，大而正万民则曰国政。董江都曰：为人君者正心以正朝廷，正朝廷以正百官，正百官以正万民，正万民以正四方。江都之言，得政治之原矣。古政分为二，一正人于无形，一正人于有形。正人于无形者谓无为之政体，见端于尧舜（垂裳而治），立论于老庄；正人于有形者谓有为之政体，发

----

① 陆绍明：《政学原论》，《国粹学报》第 19 期，1906 年 8 月 9 日。

萌于羲黄，备制于武周。 政从文从正，自伏羲作书契以来而政
事百兴，盖无文即无政也。 何者？ 无文以正之则政不宣，所以
伏羲而前，天皇、地皇、人皇治世未闻有政。 周代进化文明，
周官之制于是作焉。 ……周制分六官：天官、地官、春官、夏
官、秋官、冬官。 六官为六经之鼻祖，六经为六官之权舆。"
"在政为六官，在教为六经，政教同归，无足异者。""考历代治
天下者名为擘画从心，事不师古，而实则无非周官之大义与古政
有不期合而合者，则治人亦赖有治法者也。"①这就将政教合
一、治法与治人相互依赖的精神归之于"周官之大义"。

　　与以宋育仁、孙诒让等为代表提出的西政契合《周礼》说②相
比，国粹学派学者虽延续了这一论调，如陆绍明说"今泰西政
术尽善尽美，及证之《周礼》一书，无不相合"③，但他们的论
述更具层次性，学术意蕴也更为丰富。 在他们的论述中，

---

① 陆绍明：《论古政备于周官》，《国粹学报》第 10 期，1905 年 11 月 16 日。
② 宋育仁在《泰西各国采风记》中全面论述了西方的社会政治文化与《周礼》所反
　 映的先王政教之异同，认为泰西政俗之善者，与中国上古三代的理想如出一辙，
　 从而强调"复古即维新"的改革主张。 孙诒让著《周礼政要》，于《叙》中指
　 出："中国开化四千年，而文明之盛，莫尚于周，故周礼一经，政法之精详，与今
　 泰东西诸国所以致富强者，若合符契。 然则华盛顿、拿坡仑、卢梭、斯密亚丹之
　 伦所经营而讲贯，今人所指为西政之最新者，吾二千年前之旧政已发其端。"同
　 样的论调也反映在宋恕的言论中。 如谓："三权鼎峙之制虽始于白色种人所主之
　 国，然观《孟子》'舜为天子，皋陶为士'一章之问答，则知我国二千年前之儒家
　 已唱和司法独立权之学说矣。 至立法独立权之学说见于群经诸子者尤多，特从未
　 实行此学说耳！""尝读陆宣公、司马温公别集，其中议论与今海外政治学家往往
　 若合符节，亦曰仁民而已。 惜唐、宋之主不能尽用，故国祚不延。"参见胡珠
　 生编《宋恕集》上册，北京：中华书局 1993 年版，第 389—390、396 页。
③ 陆绍明：《古代政术史总序》，《国粹学报》第 18 期，1906 年 7 月 11 日。

"政"与"政学"或"政治学"虽然联系密切，但也有较为明确的区分，前者偏重人群治化的制度和政治变迁之史迹，后者则关注古人的政治观念，尤其聚焦于儒家经说的政治思想。国粹学派学者所阐述的"政治学"固然还不能等同于当时从日本和西方译介的政治学，有的甚至还非常传统，但是多数已经融入民权、平等、进化、权力制约和强国富民等观念，也包括对国家起源和君政发生的思考，甚至产生了探索中国古代政治学源流的自觉意识。这些新的因素与意向显然是受了日文译本和西方政治学说的刺激与影响，比如在他们的文章中就多次提及严复翻译的甄克思的《社会通诠》。不过，由于对域外政治学的认知有限，又执念于弘扬国粹的立场，国粹学派虽然有功于发掘和整理本国的政治学说，但还不能做到比较接近政治学原义的理解和解说。

四、严复对"科学"政治学的提倡运用

无论是吴汝纶、蔡元培等具有传统功名且不排斥新学的士人，还是关切国学命运的国粹学派，甚或作为译介政治学主力的留日学生，他们对政治学的认识多体现于一些零散的言说中，少有系统深入的论述；即便以政论见长的梁启超，也主要通过日人论著间接了解西方政治学说。相比之下，严复对西学

有较为系统的认知，对政治学的理解亦更为深刻。

严复对西学体系的认知基本上源自斯宾塞的 *The Study of Sociology*（1873），谓此书"宗天演之术，以大阐人伦治化之事。……又用近今格致之理术，以发挥修齐治平之事"①。不仅著文称颂，且于 1897 年开始翻译是书，后由上海文明编译书局于 1903 年 4 月出版，即《群学肄言》。

《群学肄言》"缮性第十三"篇中细致地论述了各门科学对于研治群学的必要性。"盖群学者，一切科学之汇归也。……是故欲治群学，于是玄间著三科之学，必先兼治之。以本之为心习，夫而后有善事之利器，是三科者，取其一而遗其二不可也，为其二而斩其三亦不可也。"②不过群学并非单一学科，严复在 1898 年就曾提到"群学之目，如政治，如刑名，如理财，如史学"③。在其所译《国计学甲部》（残稿）中也提到："以群学为之纲，而所以为之目者，有教化学（或翻伦学），有法学，有国计学，有政治学，有宗教学，有言语学。"严复就此作按语解释说："群学西曰梭休洛支，其称始于法哲学家恭德。彼谓凡学之言人伦者，虽时主偏端，然无可分之理，宜取一切，统于名词，谓曰群学。……虽然，此自理解言之，固如此

---

① 《原强（修订稿）》，载汪征鲁等主编《严复全集》第 7 卷，福州：福建教育出版社 2014 年版，第 24 页。

② 《群学肄言》，载汪征鲁等主编《严复全集》第 3 卷，福州：福建教育出版社 2014 年版，第 192—193 页。关于"玄间著三科之学"，严复于书中有解释。

③ 《八月初三日侯官严先生在通艺学堂演说西学门径功用》，载汪征鲁等主编《严复全集》第 7 卷，福州：福建教育出版社 2014 年版，第 91 页。

耳。 独分功之事，每降愈繁，学问之涂，定不如此。 ……盖学士用心，当以专论而密，虽明知其物之统于一郛，而考论之时，自以分画为便故也。"①可见严复认同学术分科为必然之势。

通过《群学肄言》，严复认识到西学的整体性以及"科学"与"群学"的关系，因而批评张之洞等提出的中体西用论，强调中学西学各有体用，"分之则并立，合之则两亡"。 并对政艺本末论加以辩驳，谓西政之善者即本科学而立，"中国之政，所以日形其绌，不足争存者，亦坐不本科学，而与通理公例违行故耳。 是故以科学为艺，则西艺实西政之本。 设谓艺非科学，则政艺二者，乃并出于科学，若左右手然，未闻左右之相为本末也。 且西艺又何可末乎?"针对梁启超等革新派的政论，严复讽其"既不通科学，则其政论必多不根，而于天演消息之微，不能喻也"。②

严复对政论科学性的重视以及对清廷预备立宪的关切，促使他于 1905 年夏应上海基督教青年会邀请向听众讲述政治科学和宪政原理。 演讲稿随后被整理成书，由商务印书馆出版，题为《政治讲义》。 严复自称他的演讲"多采近世西儒成

---

① 《〈国计学甲部〉（残稿）按语》，载汪征鲁等主编《严复全集》第 5 卷，福州：福建教育出版社 2014 年版，第 507—508 页。
② 《与〈外交报〉主人书》(1902 年)，载王栻主编《严复集》第 3 册，北京：中华书局 1986 年版，第 557—565 页。

说"[1]，实则主要依据英国剑桥大学近代史钦定讲座教授西莱爵士（Sir John Seeley）的著作 *An Introduction to Political Science*（1896）。[2] 该书原是西莱于 1885—1886 年在剑桥大学的讲稿，主要讲述政治学的一些基本概念和原理。

《政治讲义》共分"八会"，第一会主要介绍政治学的特点、研究对象和研究方法。严复说儒家经典讲究格致治平，然而德行、政治杂而不分，未能形成独立的学科，"而西国至十九世纪，政治一门已由各种群学分出"。关于政治学的研究对象，严复则言："凡是国家，必有治权。而治权以政府为之器，故天下无无政府之国家。政治之论治权、政府，犹计学之言财富，名学之谈思理，代数之言数，形学之言线、面、方、圆。而其论国家也，分内因外缘为二大干。内因言其内成之形质、结构、演进、变化及一切政府所以用事之机关；外缘言其外交与所受外交之影响。"在方法上，严复认为政治学是一门研究事实、归纳公例的科学，因此必须采用科学的方法，包括"天演术""历史术""比较术""内籀术"，"内籀"即归纳最为重要，同时要有"区别定名"和"考订沙汰"两种功夫。

第二会至第四会主要讨论国家概念，涉及国家的目的、分类和起源演进等问题，并结合中国国情引申出他的一些观点。第五会至第八会主要讨论"政界自由"与立宪制度。严复认

---

[1] 《政治讲义》，载汪征鲁等主编《严复全集》第 6 卷，福州：福建教育出版社 2014 年版，第 75 页。
[2] 参见戚学民《严复〈政治讲义〉研究》，北京：人民出版社 2014 年版。

为，"考论各国所实享自由时，不当问其法令之良窳，亦不当问其国政为操于议院民权，抑操于专制君权。"这就是说，政治自由与法令好坏、政体类型没有必然联系。严复说："有谓近世现行有两种政制：一为独治之专制，一为自治之民主者。此其言非也。当云有独治之专制，有以众治寡之立宪。""以众治寡"就是少数服从多数，严复亦称之为"决策从众"，该制适用于古代希腊、罗马的一些地狭民少的市府国家。而后世邦域国家地广人多，欲遵此古制也无法办到，只能采用"代表制"以间接实行"以众治寡"。严复认为以众治寡，并非完全合理公正，"而立宪则舍此殆无他术，故为今日最要政体"。又说"独治之制"（君主制）有其产生的理由和存在的合理性，"有时且有庇民之实"，并非如时下学生志士"一言自由民权，则无所往而非福；一及独治专制，直无所遇而非殃"。专制与众治的根本区别不在于权力来源，而在于"有无议院国会为建立破坏政府之机关"。"机关未具，则扶倾政府之权力，其用事也常至于横决。此一治一乱之局之所以成，而皇室无不终于倾覆之理。机关既具，前之权力不但宣达有从，又可测视，得以及时为之剂泄，而乱无由作。此立宪之国所以无革命，而代表之皇室所以不倾。"[1]

严复关于自由、专制和立宪的解释明显是针对当时汹涌澎

---

[1] 汪征鲁等主编：《严复全集》第 6 卷，福州：福建教育出版 2014 年版，第 7—76 页。笔者对引文标点略作了调整。

湃的革命思潮，同时也是因应正在兴起的立宪呼声，尤为注重劝导清朝统治者不要顽固坚守君主专制制度，而立宪"语其大纲，要不过参用民权而已"，不仅可以消弭革命，也有利于稳固清皇室的统治。

1906 年 9 月 1 日清廷颁布预备立宪诏后，严复又发表了《论英国宪政两权未尝分立》和《续论英国宪政两权未尝分立》，通过分析英国的宪政制度，进一步阐述治权与主权的关系，对孟德斯鸠《法意》中以三权分立学说诠释英国的宪政制度的论述予以驳正。谓"英政府虽有三权，却非分立"；议院有兴废政府之权力，"宰相"（即首相）握有政柄，为国政之所从出，"而宰相用权，又依于党派之规则"。文末强调："顾自吾党言，则专制立宪之分端，以此等之机关有无为断。"①

12 月 17 日，严复为安徽高等学堂演说《宪法大义》，谓"今日立宪云者，无异云以英、法、德、意之政体，变中国之政体"。然而这些国家的政体各有异同，其形式和精神的形成归功于天运与人治的相互影响。在论述列国政体时，严复重申并发挥了《政治讲义》中的一些观点，如谓："制无美恶，期于适时；变无迟速，要在当可。即如专制，其为政家垢厉久矣。然亦问专此制者为何等人？其所以专之者，心乎国与民乎？抑心己与子孙乎？心夫国民，普鲁士之伏烈大力尝行之矣。心夫己与子孙，中国之秦政、隋广尝行之矣。此今人所以有开

---

① 王栻主编：《严复集》第 1 册，北京：中华书局 1986 年版，第 218—236 页。

明专制最利中国之论也。"这也是对梁启超当时提倡"开明专制"论的呼应。严复接着说立宪并非"甚高难行之制","无论大小社会,随地可行;行之而善,皆可以收群力群策之效,且有以泯人心之不平"。进而将话题转向中国政制的历史经纬和改革路径。他认为,中国自古以来,"所用者为有法之专制,……其法制本为至密。言其所短,则其有待于君者过重,其有待于民者过轻。……顾欲为立宪之国,必先有立宪之君,又必有立宪之民而后可。立宪之君者,知其身为天下之公仆,眼光心计,动及千年,而不计一姓一人之私利。立宪之民者,各有国家思想,知爱国为天职之最隆,又济之以普通之知识,凡此皆非不学未受文明教育者之所能辨明矣"①。先有"立宪之君",建立立宪政府,再通过文明教育以塑造"立宪之民",这就是严复从英伦政治学中所演绎出来的中国政治改革论。

前人评价严复"是有系统的输入西方政治学说到中国的第一人"②,"中国人之知治欧西政治经济哲学诸科,盖自氏启其机镛焉"③。严复虽然提倡科学的政治学(political science),但是由于其文笔古雅,时人恐怕难以通过他的论述深入领会政治学概念。

① 王栻主编:《严复集》第 2 册,北京:中华书局 1986 年版,第 238—246 页。
② 刘芝城:《严复所介绍及所抱持的政治学说》,《清华周刊》第 542 号,1932 年
　10 月 17 日。
③ 钱基博编著:《国学必读》,傅宏星校订,武汉:华中师范大学出版社 2012 年
　版,第 6 页。

第四章

国家论衰退与政治学的概念转向

民国肇建，政党政团纷起，以议会为舞台，各方就制宪问题展开激烈论争。 至袁世凯解散国会，废弃"天坛宪草"，代之以袁记约法时，有关国体与政体之争更形激烈。 此一时期，各省公私立法政学校普遍设有政治学、国家学课程，承续清末法政之余绪，仍以叙述国家的性质、起源、目的以及国体与政体等为其主要内容。 在欧美方面，随着工业化、民主化和社会运动的发展，特别是受第一次世界大战的影响，18 世纪下半叶以来所形成的以国家一元主权论和议会民主制为中心的近代政治学在理论上和道义上均出现了危机，政治多元论和职能主义兴起，推动着政治学的论述重心从国家理论转向集团利益和政治过程。 1924 年，张君劢撰文指出："昔之论国家性质者必以主权为要件者，今则易为公共职务说矣；昔之论政府组织者必曰三权分立，今则易为立法行政混合之中央执政委员会矣；昔以议会为分区选举之代表之集合地者，今则易为分业代表矣；且以政制正在改造之中，故其所用手段有所谓直接行动，有所谓专政，岂非昔日政治学中所奉为原理原则者，可一切视为覆瓿之资？ 故曰'今昔政治学之异同，犹歌白尼前后之天文学矣'。"①欧美政治学的危机与转向很快便通过各种渠道传入中国，由清末延续而来的以国家理论为中心的政治学不断受到质疑，进而分裂歧出，形成了三种主要风格或流派。 一是以学术探索或改进政府治理为目的、注重实证研究的政治学。 这是当时主流的政治学，以普通大学的政治学系为其存在与活动之中心。 二是为推动三民主义学科理论化而构建的三民主义政治学。 此类政治学由国民党内负责意识形态的部门发起与推动，参与建设者主要是一些具有国民党身份的军政教人员。 三是以推动社会政治革命为诉求的辩证唯物论的政治学。 从事此类政治学构造与传播者基本上是中共党员或左翼知识分子。 本章主要论述前两类政治学的大致脉络及其基本概念。

一、 政治多元论与职业代表主义

民国初年，按照教育部颁布的法政专门学校规程和大学规程令的规定，法政专门学校的政治科或大学法科的政治学门必须开设"政治学""国家学""国法学"等课程。 而公私

---

① 张君劢:《政治学之改造》,《东方杂志》第 21 卷第 1 号, 1924 年 1 月 10 日。

法政学校的课程设置、教材编写、师资来源皆深受日本的影响。① 作为教科书使用的政治学原理类的书籍,大都译自日文著作②,民国初年又通过改装、重版、综合等各种形式继续出版发行清末就已译介过来的伯伦知理、那特硑、高田早苗、小野塚喜平次等人的著作。 而直接译自西文的新著似乎仅有《政治原理》(罗利著,罗衡升译,广学会,1912年)、《政府论》(黎卡克著,梁同译,科学会编译部,1914年)两种。③

如前所述,作为一门学科的政治学在清末已经确立,由于渊源不同,基本上可分为两种类型,一类是在德国国家学意义上与国法学相对而言的政治学,另一类是英美法等国无视这种区分而以国家和政府作为研究对象的政治学。 就政治概念的制度实践而言,清廷的预备立宪受到日本的德国学派之官僚和学者的影响,追求"大权政治";而立宪派心仪英国的君主立宪制实即"虚君共和制",革命派则向往美、法之民主共和制。 民国建立后,有关宪政民主与共和制度的译作和著述激增,报刊上关于国家、国民、政体、宪法、议会、

---

① 参见叶龙彦《清末民初之法政学堂(1905—1919)》,台北:中国文化大学史学研究所博士论文,1974年。

② 杨幼炯:《当代中国政治学》,南京:胜利出版公司1947年版,第40—42页。

③ 《政治原理》系英国人 Thomas Raleigh 所著 *Elementary Politics* 的全译本。1903年《翻译世界》曾以"政学原论"为题刊登了其前五章的译文。《政府论》则译自美国人 Stephen Leacock 所著 *Elements of Political Science* 的第二部分("The Structure of the Government")。

政府、选举、政策等的政论和译文更是连篇累牍。然而以袁世凯为首的北洋军事实力集团在与以孙中山为代表的国民党人以及由清末立宪派延续而来的进步党势力的斗争中逐渐胜出，权力日趋集中，走向了帝制复辟之路。袁世凯为了从舆论上获得对其集权和复辟帝制的支持，聘请有贺长雄和古德诺（F. J. Goodnow）以北京政府的法制顾问身份鼓吹总统集权。与此同时，袁世凯对法政教育采取实用与压缩政策，强调法政教育不得徒为理论之争。

1914年，章士钊"违难东京，愤袁氏之专政"，乃创立《甲寅》杂志，旨在讨袁。其所作政论如《政本论》《联邦论》《国家与责任》《民国本计论——帝政与开明专制》《调和立国论》《复辟平议》《共和平议》《帝政驳义》，广泛征引英美学者的论著，澄清概念，辨析政理，驳斥种种集权、专制主张。也因不满当时流行的政治学，曾著《政治学指要》一书。他说："自政治学成科以来，作者每树义曰：政治学国家学也。愚则病其略，曩狗某社之请，作《政治学指要》一书，首陈是义，其言曰：'夫斯学职在原国，有何疑义，惟国家非徒存者也，必有所以存者也……国家者，非人生之归宿，乃其方法也，盖人之所求者幸福也，外此立国，焉用国为。'"进而言之："国家者，质而言之，乃政治学者所用之符，以诂某种社会者也。其本身价值，殆与图腾番社同科，轮廓仅存，有何足重。是必有物焉，相与立之，尤有法焉，使立之者各得其所，然后其名不为虚称。兹物者何也？人也。法者何也？权利也。国为人

而设,非人为国而设也。 人为权利也造国,非国为人而造权利
也。"①词锋直指清末以来由日本转译而来的各种偏重国权的政
治学。 此时在东京留学的高一涵与章士钊声气相应,批评"留
东政法学生,颇拾东人牙慧,唱国权无限之说","国家者非人
生之归宿,乃求得归宿之途径也"。②

一战结束前后,主张国家权力绝对性的主权论受到政治多
元论(Political Pluralism)前所未有的挑战。 主张政治多元论
的代表人物为法国的狄骥(Léon Duguit)、荷兰的克拉勃
(H. Krabbe)、英国的拉斯基(H. J. Laski)、美国的福莱特
(M. P. Follett)等。 政治多元论与主权论之辩难成为当时欧
美政治思想界的热门话题,一些中国留学生亦受其影响,进而
向国内译介。

1916 年 11 月,时于英国爱丁堡大学留学的周鲠生通过译
述英国法学家布朗(W. J. Brown)批驳狄骥学说的一篇论文,
介绍狄骥其人及其著述,谓:"狄氏持论之最惊人处在否认一切
所谓国家人格主权之观念,自彼视之,近世国民主权之纯属假
想,犹之帝王神权说之荒诞无据也。"③当时,在美国哥伦比亚
大学攻读政治学的张奚若,对拉斯基和狄骥的最新学说也颇为

---

① 《复辟平议》(1915 年 5 月 10 日),《章士钊全集》第 3 卷,上海:文汇出版社
2000 年版,第 406 页。

② 高一涵:《近世国家观念与古相异之概略》,《青年杂志》第 1 卷第 2 号,1915
年 10 月 15 日;《国家非人生之归宿论》,《青年杂志》第 1 卷第 4 号,1915 年
12 月 15 日。

③ 鲠生:《狄骥之法学评》,《太平洋》第 1 卷第 5 号,1917 年 7 月 15 日。

关注，后在《政治学报》创刊号上发表长篇论文《主权论沿革》以及评述狄骥《公法界之大革命》、拉斯基《政权性质论》的书评，谓"政论非一成不变者也，国家不能作非之主权论，不能适用于今日，亦犹朕即国家之说，不能见容于十八世纪中也"，显见他对政治多元论的认同。①

在讨论国际联盟时，时任北大政治系教师的高一涵说："我们既然承认学说是根据事实的需要发生的，又认定现在事实上有万国联盟的需要，我们就应该改造学说，……改造学理上主权的观念。""现在普通的政治书上所说的主权，大概总认为有'最高的''唯一不可分的''绝对的''无所不包的'几种特性，这种学说在政治学上占了最重要的地位，……这也都是应时代的要求发生的"，而"现在时代的要求变了，所以布丹、栢哲士、韦罗贝等主权论也应该退位，好让狄格（Duguit）、拉斯克（Laski）等的主权论出风头了"。②

此后，有关拉斯基、狄骥等非难国家主权论的译文或论说在国内的报刊和论著中逐渐增多。密歇根大学法学博士陆鼎揆通过翻译拉斯基的《人民主权论》（*Theory of People Sovereignty*），直接将拉斯基批判一元主权论的观点呈现于国人面前。拉氏宣称主权论毫无根据，需要适应现代社会建立一

---

① 张奚若：《主权论沿革》，《政治学报》第 1 卷第 1 期，1919 年 12 月。
② 高一涵：《万国联盟与主权》，《太平洋》第 2 卷第 2 号，1919 年 12 月 5 日。

种新的政治形式。① 哥伦比亚大学政治科博士董维键系统地译介了狄骥的公法理论。② 几乎同时，在德国的周鲠生也撰文摘述狄骥批判国家主权说，提倡基于社会连带关系事实上的"客观法"理论。③

北大政治学教授张慰慈在《努力周报》上发表《多元的主权论》，称主权多元论者不承认国家主权是绝对的、至高无上的，国家与各种团体组织是平等的，它只能在某些特定的范围内履行其职能，而各种团体、职业组织也可以在其权利范围内实行自治或分权。④

自日本访学回到北大的高一涵仍持续关注政治多元论。他在《国立北京大学社会科学季刊》上撰文评述日本学者中岛重所著《多元的国家论》一书，指中岛重对国家性质的认识倾向于斯宾塞的"国家股份公司说"，而不是什么"多元的国家论"。又撰文提示反对联邦论者注意关于国家性质的最新学说，即国家只是群体联合的社会，每个行业社会的团体都可以行使对于其成员的支配权，因此主权并非只有单一的国家主

---

① 拉斯克著、陆鼎揆译：《人民主权论》，《改造》第 3 卷第 9 期，1921 年 5 月15 日。

② 莱昂·狄骥著、董维键译：《宪法论》，《政学丛刊》第 2 卷第 2、3 期合刊，1921 年 5 月。

③ 鲠生：《读狄骥宪法学（一）》，《太平洋》第 3 卷第 2 号，1921 年 9 月；《读狄骥宪法学（二）》，《太平洋》第 3 卷第 3 期，1921 年 10 月。

④ 慰慈：《多元的主权论》，《努力周报》第 19 期，1922 年 9 月 10 日。

权,而是许多对等权力同时并立的主权。[1]

北大政治系教授王世杰也对狄骥的新版《宪法学》加以介绍评述。 新版《宪法学》前三卷统名为"国家通论"(*La Theorie Generale de l'Etat*),于 1921—1923 年陆续出版。 王世杰的书评即根据这三卷内容评述狄骥的国家学说。 他说,"法人之所谓国家通论,其范围约略与德人之所谓 Allgemeine Statatslehre(通常译为国家学)及英美人之所谓狭义的 Political Science(政治学)相当,盖在讨论宪法学上之几种根本问题,即法律的性质,国家的起原,国家的要素,国家的职务,国家的机关,等等问题。"接着他将狄骥学说分别与法国、德国传统上的国家学说、自然法观念、无政府主义对比分析,评述狄骥学说的主要内容及其特点。 鉴于自然法主义中最困难的问题是如何解决现实法与自然法的冲突,王世杰认为狄骥也要面对现实法律如违反"法律准绳"(周鲠生译作"客观法")就会无效的问题,而"其动机,其目的,只在促起治者阶级之觉悟,而不在鼓吹被治者之实施反抗"。[2] 至狄骥新版《宪法学》专论法国宪法的第四、第五两卷出版后,钱端升作书评对这两卷与另外两种论述法国宪法的著作进行比较和评述。 钱端升说狄骥等三人的研究方法都是历史的、比较的、客观的。 在主权问题

---

[1] 高一涵:《希望反对联邦者注意——最近的国家性质新论》,《努力周报》第 37 期,1923 年 1 月 14 日。

[2] 见《国立北京大学社会科学季刊》第 2 卷第 1 号(1923 年 11 月)"学术书籍之介绍与批评"栏目中王世杰的书评。

上，狄骥否认主权的存在，"狄骥《宪法学》的最有精彩处，还是首几卷中的政法新思想，而不是卷四卷五中的法国宪政组织。"这无疑只是肯定了狄骥在驳难传统的国家主权论方面的贡献。①

1925年，罗瑶将其翻译的中岛重《多元的国家论》的最后一章《拉斯克的多元国和柯尔的共同体》发表在《法政学报》第4卷第1期上。傅文楷则翻译了格特尔的《政治思想史》（*History of Political Thought*）中介绍多元论学说的内容。② 1927年，阎琰鼎在《广西留京学会学报》第5期上发表了《一元主权论与多元主权论的学理基础及其批评》，对一元主权与多元主权的学理基础分别说明，然后再批评二者的得失和疑义。他认为团体的主权其实只是半主权，国家主权虽是最高的和唯一的，但不可说绝无限制。其后，张君劢作专文论述拉斯基的学说。③

一战前后，在国家主权论受到政治多元论批判的同时，在欧洲社会主义潮流和美国进步主义运动的影响下，掀起了改造代议制的思潮。战后，职业代表主义在欧洲流行，认为采纳职业代表制，可以减少地域代表制的虚伪，增进议会的专门知识和经验，防止少数小的团体在事实上垄断立法机关。苏俄、德

---

① 见《国立北京大学社会科学季刊》第4卷第1、2号合刊（1926年5月）"学术书籍之绍介与批评"栏目中钱端升的书评。
② 傅文楷：《主权的多元论》，《法学季刊》第3卷第3号，1927年1月。
③ 立斋：《英国现代政治学者赖司几氏学说》，《新路》第1卷第7号，1928年5月1日。

国、波兰、捷克等不少国家在起草新宪法时，不同程度上采用了职业代表制。① 国内方面，民初议会选举中的舞弊行为、议员的不良操守以及议会专制等种种负面新闻常见诸报端，不过这时舆论对国会的指责主要还是针对议员的个人品行而非代议制度本身。 而五四运动后由于军阀的武力压迫和议员自身的腐败，尤其是受曹锟贿选事件的刺激，人们普遍对议会政治感到失望。 报刊上批判议会政治的文章连篇累牍，就连一向以保守面目示人的《东方杂志》也连续刊出了《议会政治之失望》《议会政治之破产》等文，指出议会政治的局限性及其破产趋势。

随着议会政治声誉的坠落，旨在改造或取代国会的各种方案纷纷登场，其中既有吴佩孚主张的国民大会、孙中山提出的国民会议以及中国共产党宣传的人民代表会议，也有主要由文化教育界和商界提出的职业代表制。 国共两党的方案中虽然也提职业代表，但受苏俄革命影响，其本质上所强调的是党治。

当时鼓吹采用职业代表制以改造国会的主要是"研究系"成员。 "研究系"的刊物《解放与改造》（后易名《改造》）是宣传基尔特社会主义的舆论阵地。 张东荪在其创刊号上发表的《罗塞尔的"政治理想"》率先对罗素的基尔特社会主义理论进行了较为系统的介绍。 由梁启超亲拟的《改造》发刊词提出："同人确信世界改造在打破国家最高主权之论"；"同人确信国

---

① 见王世杰《职业代表主义》与白鹏飞《职能代表制之趋势》，《国立北京大学社会科学季刊》第5卷第1、2期合刊，1930年1—6月。

民的结合当由地方的与职业的双方骈进，故主张各种职业团体之改良及创设刻不容缓。"①该杂志还译载了当时苏俄、德、捷克斯洛伐克等国含有职业代表精神的新宪法。在"研究系"成员中，以张东荪为核心的"今人会"更是积极鼓吹基尔特社会主义。黄卓宣称真正的民主主义的代议制度应当是职能（Function）的民主主义。简言之，社会上有多少种职能或职业就应当有多少种类的代表；国会中的代表应当以职能为选举的单位，不应当以地区为选举的单位。②

此外，一些曾经留学英法的人也积极主张运用或研究介绍职业代表制。其中最受瞩目的是章士钊和王世杰。章士钊指出议会政治的失败，呼吁中国应该引入英国基尔特式的职业代表制（Professionalism）。③此后又陆续发表《论代议何以不适于中国》《业治论》《业治与农》《论业治》等文，鼓吹职业代表制。王世杰也发表了一系列研究介绍西方议会与职业代表制的文章，包括《议院制与社会主义》《德谟克拉西与代议制》《新近宪法的趋势——代议制之改造》《职业代表主义》。针对当时国内议会的贿赂风气，王世杰认为中国一时还不具备实行选权普及、直接造法、直接罢免等制度的条件，地域代表制也几乎无法施行或施行无效，将来恐怕只能容纳职业代表制，但

---

① 《〈改造〉发刊词》，《改造》第 1 卷第 1 期，1920 年 9 月 15 日。
② 黄卓：《职能的民主主义》，《东方杂志》第 21 卷第 8 号，1924 年 4 月 25 日。
③ 参见章士钊《联业救国论》，北京：商务印书馆 1922 年版；S. C. Chang, *Chinese Politics and Professionalism*, 1921。

如何容纳，采用何种方案，还有待讨论。但作为"治标之法，须从颁布关于贿赂行为的严密法律入手"。①

二、学科转向与概念调适

上述政治思想学说的变化以及由此引导的概念实践也体现在这一时期关于政治学的学科性质、知识体系和研究方法等问题的论述中。以在北京大学担任"政治学"课程教学的张慰慈根据其讲义整理而成的《政治学大纲》②为例，书中写道："政治学是研究国家如何发生，如何进化，找出因果变迁的公例（历史的政治学）；并观察现在国家的性质及组织和所处的环境，所发生的变端（叙述的政治学）；更从这种性质、组织、环境、变迁之中，找出根本观念和具体的原理原则（纯理的政治学）；拿来做怎样应付现在政治环境，解决现在政治问题，创造新政治局势的工具（实用的政治学）。这就是政治学的涵义。"这一定义与美国政治

① 王世杰：《中国议会政治之前途与贿赂风气》，《太平洋》第 4 卷第 2 号，1923 年 9 月 5 日。

② 该书初版于 1923 年，此后被北京大学等高等院校采用为政治学教科书，同时在社会上销量甚广，至 1930 年已出至第 8 版。在由讲义成书的过程中，高一涵助其修订，提供新材料并新编了两章内容。

学家韦罗贝（W. W. Willoughby）的观点一致。① 虽然仍以国家作为研究对象，但在论述国家的性质和职权、国体与政体诸问题时，张慰慈认为应该从社会学上来观察国家的性质，因此主权是否为国家必不可少的要素，成为"现今政治学中最重要的问题"，狄骥和拉斯克是反对一元主权论最有力的人。

张慰慈不仅对国家主权论表示怀疑，也注意到关于国家职能变化的理论动向，他认为国权与自由权是相互成全的，人民不能得到经济上的平等权，便不能享受政治上的自由权；社会主义成为一种趋势，从前的国家职务专重在治人，现在的国家职务专重在治事，而且注重经济的职务。 其对民治政体的介绍，引述了杜威对民治主义的分类以及福莱（Follett）《新国家》、科尔《社会学理》、戴莱（Dealey）《国家的发展》等著作的观点，显示民治政体由注重政治上平等到注重经济上平等的新趋势，并提及俄国劳动界出现的一种新政体"工人政体"（Ergatocracy）。

国家职能转变的这种趋势也反映在人们对于国家结构和政府职权的认识上。 在国家结构方面，张慰慈认为从前的联邦论是中央与地方的分权论，现在的联邦论是国家与职业

---

① W. W. Willoughby, *An Examination of the Nature of the State*, New York: Macmillan and Co., 1896, pp. 4 – 5; W. W. Willoughby and Lindsay Rogers, *An Introduction to the Problem of Government*, New York: Doubleday, Page & Company, 1921, p. 4.

团体的分职论。关于政府的职权与组织方式，张慰慈通过分析分权论的历史，指出三权分立说与事实不符，且存在若干缺点，尽管有人把政府的机关大体上分为选举团、立法部、行政部、执行部、司法部等五部，还有孙文的"五权宪法"方案，但"这些议论都脱不掉国家为主权者的观念，所以说来说去只说权力的分配一个问题"；而最近的国家，治人的权力日见减少，治事的职务日见增多，所以从前的分权说多注重防止政府专制，专门注重制衡原理，现在的分职说却专门注重效率的原理。

此外，关于政治学是不是科学的问题，张慰慈说科学有三种性质，即"假定的真理""进步的东西""现在用的工具"，而"政治学的原理原则是人造的假说，拿来解说政治社会中万事万物现象的……都是应付环境的一种工具"，因此，政治学既是科学，也是"艺术"，即具有应用性。其所谓科学的三种性质，与高一涵在其所译《十九世纪政治思想史》（1919年）的"译者弁言"中说政治学说是个"假定的真理""进步的东西""现在应用的工具"，如出一辙；也与胡适在《实验主义》一文中说"真理""不过是对付环境的一种工具"，意味相通。他们大概都是受了进化论以及詹姆士和杜威的实验主义的影响。关于研究政治学的方法，张慰慈认为，除了社会有机体或生物学的方法、法理学的方法，比较的方法、实验的方法、历史的方法、心理学的方法都是正当的方法，应该把人看作国家的主体，把一切政治看作人类心理作用的表征，结合心理学的、历史的、比较的、实验的方法来研究政治现象。①

　　对张慰慈的《政治学大纲》亦有贡献的高一涵在北京大学也教授"政治学"和"政治学原理"课程，他后来在神州国光社出版的《政治学纲要》(1930年)是根据其在北大、北京中国大学以及1927年南下后在上海中国公学、法政大学的讲义修改而成的。高一涵称《政治学纲要》中有一两章内容与张慰慈的《政治学大纲》大同小异，经比较对照，可以确认张著第十三章、第十九章分别与高著第五章、第七章基本相同，都是论述国家职权的范围和政府职权的分配。此外，《政治学大纲》中关于政治学的定义，与高一涵在《研究政治学的方法》中的界定②大体相同。《研究政治学的方法》中说明的第二个问题，即"政治学应该怎样研究"，与《政治学大纲》第三章"研究政治学的方法"的内容雷同。因此可以说，《政治学大纲》中关于政治学的定义和研究方法的论述基本上也出诸高一涵之手。而《研究政治学的方法》与加纳(J. W. Garner)的《政治科学大纲》(*Introduction to Political Science*)第一章第四节的内容重合度较高。张慰慈《政治学大纲》的章节体例和其他部分内容，与美国政治学者格特尔(Raymond G. Gettell)的《政治学导论》(*Introduction to Political Science*)、加纳的《政治科学大纲》也有颇多相似之处。

---

① 张慰慈：《政治学大纲》，上海：商务印书馆1923年版，第1—30页。
② 《新中国》第1卷 第8期，1919年12月15日，第10—11页。

虽说张慰慈和高一涵有关政治学的论述都明显受到美国政治学者的影响，但美国政治学界并非风格一统，其中既有受德国国家学派影响较深的相对保守的一派，亦有追随英国学者白芝浩（Walter Bagehot）、蒲徕士（James Bryce）、沃拉斯等人学术理念的趋新派。后者对中国学人的影响主要体现于钱端升关于政治学的论述。

1925 年底，清华学校政治学系教授钱端升向学生发表了一场关于政治学的演讲。演讲记录随后刊登于《清华周刊》上。[①] 钱端升说："政治学者，研究人类政治活动及其政治组织者也。"根据他对政治学的分类[②]，可知他所说的"政治学"是指研究诸如政府、政事及国际关系方面的组织与活动，并不强调以国家作为研究对象。同时，他在《国立北京大学社会科学季刊》（第 4 卷第 12 期，1925 年）上发表的一篇书评中说："英美学者著述中有'政府学'（government）一类的书。这类书所采用的材料，德法学者往往鄙之为报章材料。这种鄙视的态度殊无根据。我觉得像蒲徕士《美国平民政治》、罗尼尔《英国政府》中所讲的东西，总得在有系统的政法书中占一地

---

① 《政治学》，《清华周刊》第 363 期，1925 年 12 月 11 日；第 366 期，1926 年 1 月 1 日。

② 钱端升将政治学分为三大类：甲、政府，包括：一、起源及发展——宪法史等；二、组织，包括宪法、比较政府、某国政府、联邦政府等；三、职务之执行，分立法与行政两部分。他认为司法乃行政之一种，故列入行政中；乙、政事（政治活动及原动力），包括舆论、政党、政治心理、阶级制度等；丙、国际关系，分国际法、国际组织、联邦、外交、帝国主义等。他特别指出："以上各类为余个人之分法，乃聚欧美各大学之政治科目而分者，妥否尚待斟酌。"

位，不能专让杂志、报章、传记一类的刊物去登载。"他认为法国公法学者巴退米尔（Joseph-Barthelemy et Paul Duez）是能了解"政府学"一类书的价值的人，其所著《宪法学要论》也有"政府学"化的趋向，其中"充满了不少的这类的材料"，而"别的法人的宪法学书中，鲜有论及与宪法无形式关系的事实和情况"。

钱端升之所以这样注重政府组织及其活动，应该与他1920年前后在哈佛攻读政治学的学术经历有关。当时哈佛大学政治系的英文名称是"Department of Government"，即已昭示其学术旨趣。哈佛大学政治学发展很大程度上得益于哈佛大学校长洛厄尔（A. Lawrence Lowell）的贡献与影响。1908年，洛厄尔当选美国政治学会会长，其主要著作有《欧洲大陆的政府和政党》（*Government and Parties in Continental Europe*，1896）、《英国政府》（*The Government of England*，1908）、《公意与平民政治》（*Public Opinion and Popular Government*，1913）。洛厄尔的研究成果，兼顾制度的法律形式和实际运作，其中《英国政府》被认为是关于英国政府和政治最好的书，与英国政治学家蒲徕士的《美国共和政体》（*The American Commonwealth*）为姊妹作。[1] 洛厄尔对政府实际活动（actual working）的关注，为他赢得了"作为1920年代新政治学的先

---

[1] 波里特（E. Porritt）关于《英国政府》的评论，参见 *The American Political Science Review*，Vol. 3，No. 1，February 1909，pp. 127 - 129。

导者，当然具有与梅里亚姆（C. E. Merriam）齐名的资格"的评价。①

洛厄尔的研究代表了当时美国政治学界一种新的取向。19世纪末20世纪初，在欧洲大陆仍注重从历史、哲学及法律角度对国家现象、政治组织进行抽象的静态研究时，一些英美政治学者已开始研究政治的动态过程。1908年，美国政治学者本特利（A. F. Bentley）出版《政治的过程》（*The Process of Government*）一书，指出过分强调制度结构或法律条文的政治研究是没有意义的，政治研究必须注重政治过程。在此前后，威尔逊（W. Wilson）、洛厄尔等亦提倡研究"活动政府"（a government in action）。钱端升在哈佛大学的博士论文导师是政治系主任何尔康（A. N. Holcombe）教授，"此君专长，为政治制度之分析"②，其代表作是《美国的州政府》（*State Government in the United States*）。何尔康的研究路径继承了洛厄尔的"新政治学"并加以发扬。

哈佛大学正是洛厄尔和何尔康提倡与实践"活动政府"研究的学术重镇，置身于这种学术环境中的钱端升的博士论文就是关于美英法德四国政府的议会委员会的比较研究。他在结束哈佛大学的学业后，曾前往欧洲请教了某些研究英、法、德、奥宪法

① Albert Somit and Joseph Tanenhaus, *The Development of American Political Science: From Burgess to Behavioralism*, Boston: Allyn and Bacon, 1967, p. 74.
② 梁鋆立：《纪念崔书琴先生——并记战前哈佛研究院政治系及政校外交系》，《传记文学》33卷第1期，1978年7月。

或政治学的教授、学者。 因此，他对当时欧美政治学的风格异同当有切近的体会，从上文引述他关于政治学的定义和书评意见来看，可以看出钱端升明显受到了洛厄尔等人的影响。

三、 政治学概念的三民主义化

孙中山逝世后，其追随者提出"党化教育"，要求以三民主义统摄教育和指导学术，并以学术阐释三民主义。 1926 年 5 月，广东全省第六次教育大会通过《党化教育决议案》，明确规定，"各校均以中国国民党化为原则"，不遵照执行者予以取缔。 同年，广东省教育行政委员会先后颁布了《教科书编审委员会章程》《教科书审查规程》和《三民主义教科书审查规程》等规章法令，全省中等以上学校设政治训育处，开始全面实施党化教育。 戴季陶在担任中山大学校长期间，批评时人不肯"用科学的研究，去扶助主义的发展"，"研究政治学、社会学的人，不能用毕生精力，去建设三民主义的政治学、社会学"，"结果学问自学问，主义自主义"。[①] 因此，在他的主导下，中山大学的政治训育工作致力于推动以学科知识解释与完善三民主义的合理性与科学性。 南京国民政府成立后，国民党宣传部

---

① 戴季陶：《青年之路》，上海：民智书局 1928 年版，第 57 页。

门企图全面强化三民主义对知识界的思想控制。 1931 年 2月，国民党中央宣传部制定了省市党部宣传实施方案，提出"为使宣传深入智识分子，应将三民主义应用到社会科学、社会问题及文艺的领域里去，依三民主义的原理去树立社会科学的体系，批评和解答各种实际社会问题，及创造新的文艺作品，同时应用学术上的新发明以证实三民主义，使智识分子深刻的接受本党主义"。①

在国民党和国民政府的思想引导和政策推动下，三民主义广泛渗入教育与学术领域，促使学科体系和学术话语的三民主义化，党政军系统的政治学更是首当其冲。 自国共合作开展国民革命时起，到抗战结束前后，国民党党政军系统的人员以及在公私立大学或学院任教的一些学者编撰了不少政治学概论性质的书籍，包括《政治学概论》（恽代英，1926 年）、《政治学概论》（汪毅，1926 年）、《政治之基础知识》（萨孟武，1929 年）、《政治概论》（梁栋、张暄，1929 年）、《新的政治学》（王诗岩，1929 年）、《三民主义政治学》（萨孟武，1929 年）、《社会主义政治学》（罗敦伟，1931 年）、《政治学概论》（萨孟武，1932 年）、《新政治学大纲》（虞棠，1933 年）、《唯生论政治学体系》（蒋静一，1935 年）、《政治基础知识》（李一尘，1936 年）、《政治学要旨》（王希和，1936 年）、《政治学概论》（吴宿光，1936 年）、

---

① 《国民党中央宣传部关于省市党部宣传工作实施方案》，载中国第二历史档案馆编《中华民国史档案资料汇编 第五辑 第一编 文化（一）》，南京：江苏古籍出版社 1994 年版，第 13—14 页。

《政治学概论》（中央陆军军官学校特别训练班，1937 年）。

其中属于军校系统的政治学教材，目前所见最早的是恽代英编的作为中国国民党中央军事政治学校政治部讲义的《政治学概论》。其内容主要是概说国民党的政治学说，但是恽代英是以中共党员的身份加入国民党，在国共合作的形式下从事马列主义的政治教育和宣传，因此，他的这部讲义表面上宣传三民主义，实则强调马克思的阶级国家论。国共合作破裂后，国民党军校系统里所用的政治学教材更加注重阐释孙中山的政治概念。梁栋、张暄合编的《政治概论》称孙中山将"政治"定义为"管理众人之事""是再真确没有了"，政治的特性就是强制力，"国民自由"和人民的生存、福利都有赖于政治的强制力才能实现。李一尘在其编述的《政治基础知识》中提出，"国家是某一社会阶层或集团依地域划分其治下人民之一种政治组织。""政治乃是权力的活动，权力的要素是武力，过去的政治，乃是少数人统治多数人的政治。"至于孙中山对"政治"的解释，乃是其"作为未来的政治理想"，而不是"就过去的政治或现实的政治所下的定义"。

总体来看，在国民党军事院校使用的政治学概论教材在结构和内容上存在着不少相似乃至雷同之处，都是在通行的政治学体系结构中嵌入孙中山的政治学说、"五权宪法"和国民政府组织架构等方面内容，在一些分散的问题上引述《孙文学说》或强调其进步性，但是由于并非从三民主义的本体论出发，其论述架构也不是基于三民主义的固有逻辑，因此表现出拼凑性、宣传性较强而学术性薄弱的特征。

相比较而言,服务于国民党党政系统的人员在构建三民主义政治学方面更具专题性和系统性。 在国民党中央党部工作的蒋静一自称受杜里舒(Hans Driesch)"生机论"和陈立夫的《唯生论》影响,故对孙中山的"生元"学说加以发挥,著成《唯生论政治学体系》。 蒋静一认为,关于政治学的定义,虽然众说纷纭,但大体上不外唯心论和唯物论两派,不过都是偏颇的见解。"政治学是研究人类求生存的原理和原则——在静的方面,努力物质的创造,在动的方面,阐明精神的发扬,以充实人类的生活和延续人类的生命,并进而理解国家结构和社会进化的因果律的科学。"国家起源于"生的追求"和"偶的追求(即色的追求)",国家的进化经历了神权、君权和民权三个时期,其形态虽因时空变化而进展,而民欲借组织以求生存的原则始终如一。 国家进化的根本动力既非阶级斗争,亦非萨孟武所主张的"技术为民生问题的根本原因",也不是张慰慈说的竞争与互助论,而是孙中山提倡的"人生以服务为目的"。国家的构成要素只是民族与民族精神,而民族精神的本质就是孙中山主张的首应恢复中国固有的道德——忠孝仁爱信义和平。 三民主义下的政府组织,随军政、训政、宪政三时期而异。 唯生机构下社会组织的演进分为元生、寄生、保生、共生四个时期。 在此过程中,难免发生革命。 所谓革命,有广狭两义,"广意就是指宇宙间生物进化一种突变的形态;狭意就是指社会间的人类,因生活摇动,感觉不安,群起而作改革运动"。 革命的真正原因就是求生。

在政治学三民主义化方面更具代表性的著作可以说是萨孟武所著的《政治之基础知识》和《三民主义政治学》。 在《政治之基础知识》"序言"中，萨孟武宣称本书以孙中山的言论作为根据，所以"不是普通的政治学，乃是三民主义的政治学"。该书基本确立了萨孟武叙述政治学的理论体系。 在此基础上，数月后出版的《三民主义政治学》对所谓的"三民主义政治学"作了更为系统集中的阐述。 在撰述出版这两本书的时候，萨孟武先后担任陆军军官学校政治部教官兼编辑部主任和《新生命》杂志主编。 1930 年萨氏又转任国民党中央政治学校教授，1932 年出版的《政治学概论》就是他在该校讲授"政治学"的讲义。 虽然涵盖了更多一般政治学的内容，但是其基本观点和论述逻辑与前两书仍保持一致。

萨孟武从民生史观出发，认为社会进化的本质是民生的进化，民生就是经济，就是生计，技术是社会进化的根本动因。人类基于生存欲望，必须获取衣食住行四种生存资料，获取的方法不外劳动和强夺，由此形成掠夺和被掠夺两种阶级。 掠夺和被掠夺的关系随着经济组织的变更而变更，而一定的经济组织是适应于一定的经济技术即生产力成立的。 掠夺阶级为保持其地位，乃用强制的武力维持秩序，于是国家产生。"有了阶级，而后才有国家"，国家的形式随着阶级的变更而变更，人类社会先后经历了武力国家、封建国家、民族国家、帝国主义国家。 在社会革命和民族革命的作用下，帝国主义将走向崩溃，人类将进入没有阶级与国家的大同社会。 而现实的社会正处于资本帝国主义阶段,广泛存在着经济的、政治的、民族的不平等。 要想打破这种状态,通往将来社会的三民主义建设,唯有通过国民革命。 革命是指"打倒旧支配阶级的支配,用新支配阶级的势力,改造法度"。 国民党作为革命党,负担国家改造责任,其任务分为两个阶段:第一阶段,组织、训练和指导民众进行破坏,夺取政权;第二阶段,领导建设,先有过渡的建设(训政),而后才有完成的建设(宪政)。 在这种动态的政治过程论中,阶级、革命、政党等概念得以突出,彰显了三民主义政治学概念不同于一般政治学的特点,也由此构造了一部具有系统性的"三民主义政治学"。

当时供职于普通大学的教师在他们所撰写的政治学论著中也对三民主义有不同程度的接纳与演绎。 1930 年 2 月出版的张慰慈《政治学大纲》第八版是改订版,融入了孙中山对"政治"的解释、孙中山的革命建设程序论和《建国大纲》、孙中山民权主义的根本原则、"五权宪法"、国民政府组织法等内容。同时出版的高一涵的《政治学纲要》也论及"五权宪法"和国民政府中央机构。 不过张、高二人对于政治学概念的理解并未脱离当时英美政治学者的主流观点。 而罗敦伟则公开表示他是站在三民主义的立场,用民生史观研究社会主义政治理论,其所著《社会主义政治学》(北华书局,1931 年)就是他在北平大学讲授政治学、国家学的著作。

罗敦伟在《社会主义政治学》中指出,当下流行的政治学是资本主义政治学，通常就政治而论政治，多为治者阶级的权力辩护，极力避免革命的理论，其研究方法多是唯心的，而社会主义政治学主张用唯物史观的法则解剖一切政治现象，极力研究革命的真理，甚至鼓吹革命，其研究方法富于科学意味。但社会主义政治学可以分为两派，一派比较温和，虽然否认现存制度，但并不主张完全推翻，如基尔特社会主义者的政治学；另一派比较激烈，完全反对现在政治制度，追求理想的社会，如马克思主义者与列宁主义者的政治学。"社会主义政治学是根据社会主义见地而成立的新兴政治学，三民主义既是社会主义之一，自然三民主义的政治学也是社会主义政治学之一"，其政治运动的目的相同于激烈派，而行动又与温和派相近，是一种特殊的社会主义政治学。

综上所述，所谓三民主义政治学，就是将三民主义政治学化和将政治学三民主义化，企图以此加强三民主义的科学性和话语权，不过"化"的程度不同，多数是将孙中山的"政治"定义、革命程序论、"五权宪法"等内容插入普通政治学叙述结构中的对应议题位置，体现了孙文学说相对于普通政治学的进步性和改良意义。而萨孟武、罗敦伟、蒋静一等人注重从民生史观出发构建了较具系统性的三民主义政治学体系，但是他们的理论依据不尽一致，观点参差甚至对立。其中，萨孟武的观点比较接近马克思主义，大概与他在京都大学留学时受河上肇的思想影响有关；而罗敦伟则频繁引述考茨基的理论；蒋静一主要是演绎陈立夫的"唯生论"，然多牵强附会的解释。

四、 趋重实证研究与公共行政的政治学

南京国民政府成立后，经过短暂的大学区试验，教育部于 1929 年七八月间先后颁布《大学组织法》和《大学规程》。 据其规定，"大学分文、理、法、农、工、商、医各学院"；"大学法学院或独立学院法科，分法律、政治、经济三学系，但得专设法律学系"；"大学或独立学院之有文学院或文科而不设法学院或法科，及设法学院或法科而专设法律学系者，得设政治、经济二学系于文学院或文科"。[①] 这个规定以大陆法系为主要参照，兼采美国学制。 因为从大陆法系来看，研究政治经济有些地方根本离不开法学，而英美的法律并没有大陆法分得那样清楚，一切的法规全依照判例。 经过整顿和重新注册，到 1932 年，全国已有近 30 所大学设立了政治学系。 与此同时，一些出掌大学校长的国民党要人将政治学专业的培养目标确定为在党治之下养成实际行政人才。

全国统一的学科设制和教学方针的规定，无疑会影响各校政治学专业的课程设置。 在此之前，清华大学和燕京大学采用

[①] 中国第二历史档案馆编：《中华民国史档案资料汇编 第五辑 第一编 教育（一）》，南京：江苏古籍出版社 1994 年版，第 171、175 页。

美国式的学制,政治学系不设法学课程,此后则次第增设。 另一方面,此前政治学系、经济系都有法学课程的学校也有削减法学课程的趋势。 以北大政治学系为例,从该系 1932—1933 年度课程表来看,其课程设置明显不同于其早期偏重法律的特点,而是注重政治学与相关社会科学的联系。[①] 课程设置的变化,除了受国家教育宗旨的影响,也与师资结构变动有关。 1912—1926 年,北大政治学系留日出身的教师虽占主导,不过出身英美留学的有后来居上之势。 此后十年间则多为英美留学生,留日出身的渐居少数。 留美的邱昌渭、张忠绂先后担任系主任,政治学原理、比较政府、政治思想史、行政学等主要课程也几乎全由留美学者教授。 这种现象当时在其他大学也普遍存在,清华大学政治学系的教师则几乎清一色具有留美学历。[②]

从政治学系的基础核心课程"政治学概论"(各校的课程具体名称不尽相同)使用的教材来看,据不完全统计,当时北京大学、清华大学、燕京大学、武汉大学、金陵大学、金陵女子大学、浙江大学、南开大学、云南大学等多所大学的政治学专业都以加纳的英文原著 *Political Science and Government* 或其中文译本为课本或主要参考书。 亦有学校使用张慰慈的《政治

① 《政治系课程说明书》(1933 至 1934 年度),《国立北京大学一览 民国二十二年度》,1933 年,第 364—379 页。
② 参见孙宏云《中国现代政治学的展开:清华政治学系的早期发展(1926—1937)》(修订版),杭州:浙江古籍出版社 2020 年版,第 406—413 页。

学大纲》、高一涵的《政治学纲要》、李剑农的《政治学概论》、季尔克立斯（R. N. Gilchrist）的 *Principles of Political Science*。 在加纳的 *Political Science and Government* 流行之前，南开大学、东吴大学等一些学校也曾将格特尔（Raymond G. Gettell）的 *Introduction to Political Science* 作为课本。 清华大学政治学系由浦薛凤教授的"政治学概论"课程，最先用格特尔的 *Introduction to Political Science* 作为课本，不久改用加纳的 *Introduction to Political Science*，后又改用加纳的 *Political Science and Government*。[①] 大体上，当时各大学的政治学课本多采用美国学者的著作，尤以加纳的 *Political Science and Government* 最为通用，影响广泛。[②]

那么这些著作传达了怎样的政治学概念呢？ 加纳通过对比伯伦知理、加莱斯（Gareis）、耶律芮克（Jellinek）、保罗扎内（Paul Janet）、西莱、伯吉斯等欧美学者关于政治学（即 Political Science 或 Staatswissenschaft）的定义，归纳出其中的共同点，即构成政治学的题材是关于国家现象的各种状态和关系，而不是家庭、部落、民族和一切私人的团体或社群。 总之，政治学是始于国家亦终于国家的学问，其基本问题包括：（1）研究国家的起源和性质；（2）考察各种政治制度的性质、历史和形式；（3）由上述的研究结果尽量推求出政治的成长和

[①]《国立清华大学校刊》第 433 期，1932 年 9 月 19 日。
[②] 参见高纳《政治学大纲》，顾敦鍒译，上海：世界书局 1946 年再版，"译序"，第 2 页；李圣五编《政治学浅说》，北京：商务印书馆 1932 年版，第 46 页。

发展的公律。① 格特尔也认为"政治学的定义简单说起来就是
国家的科学（Science of State）"。② 武汉大学政治学教授李剑
农也持同样的观点，他说："政治就是国事；政治学便是以国家
为研究的对象的，或竟可称之曰国家学。"③不过其所引文献则
是出自加纳的 *Political Science and Government*。

但是政治学的研究对象是否只是国家，政治学能否等同于
国家学？ 时人的意见并不一致。 前面提到张慰慈《政治学大
纲》中关于政治学的定义与高一涵在《研究政治学的方法》中
的界定④大体相同，而《研究政治学的方法》与加纳的
Introduction to Political Science 第一章第四节的内容颇为相
似，表明高一涵当时对政治学概念的认识尚未摆脱加纳将政治
学定义等同于国家学的影响。 不过高一涵在后来出版的《政治
学纲要》中展现了不同的看法："所谓政治学，就是用科学的方
法，研究出来关于管理众人的事的原理原则，造成一种精密的
有系统的理论，和能够实地应用的政策。"他虽然没有像李剑
农那样明确界定"众人之事"是指国事，但也通过将孙中山对
"政治"的解释与"政者正也""政以正民"等儒家经义作对
比，进而指出近代国家与古代国家的不同，前者是治人的国

① J. W. Garner, *Political Science and Government*, New York：American Book
　Company, 1928, pp. 2 - 5, 9.
② R. G. Gettell, *Introduction to Political Science*, New York: Ginn and
　Company, 1910, 1922（Rev. ed.）, p. 3.
③ 李剑农：《政治学概论》，北京：商务印书馆 1934 年版，第 2—3 页。
④ 《新中国》第 1 卷第 8 期，1919 年 12 月 15 日，第 10—11 页。

家，后者是治事的国家。这似乎也是将管理众人之事看作治理国事。高一涵又说，"政治学上的中心问题是国家，政治学上最难解答的问题也是国家"；政治学专以研究国家性质为中心。但是从他对一元主权论和多元主权论的评判来看，他明显带着同情后者的立场。"一元主权论过于偏重理论，不大注意事实；只看见单纯的法理，却忘记了复杂的社会。""凡是健全的政治学说，应该特别注意到国家的社会起源和主权的社会基础"，"主权如果没有社会意识做后盾，如果没有社会生活的事实做后盾，那么便成为无用的废物了"。"我们如果不愿意抹煞各种特殊团体的自主权和物观法律论的真实性，那么总不能抹煞多元派的一切理论。"①

清华大学政治学系教授浦薛凤明确地指出：政治是人类在其众多不同的疆域，团体与阶级中一切共同事务之有组织的管理——凭借若干强制力量，依照若干流行规律；及因此而起或与此关联的种种基要的、必需的与复杂的活动。政治非国家所独有，凡有"共同事务"及其"有组织的管理"，即有政治，举凡家族、学校、教会、会社、工团、政党等，无一不有其政治，因此政治学所研究者与其谓为国家，毋宁谓为人们共同事务之有组织的管理。只是由于国家是政治的最大亦最高的单位，其他团体与阶级皆受国家的笼罩与制裁，政治学所应根本研究者仍旧是国家。但是若以国家为政治学的研究对象，势必导致否

---

① 高一涵：《政治学纲要》，上海：神州国光社 1930 年版，第 35、61、84—89 页。

认单数的"政治学"而揭橥多数的"诸政治学"（Sciences Politiques, Political Sciences, Staatswissenschaften），举凡与国家有关系的许多学问均是"诸政治学"，这无疑就否认了政治学的独占领域。至于只讨论国家的起源、演化、结构、职务、目的等基本问题的"国家学"，显然是一种哲学而已。政治学独占的研究领域是共同事务的组织管理，共同事务为此领域的边疆，而组织管理为此领域的固定中心。①

邹敬芳从集团政治理论方面来理解政治学概念。他说："政治学是以政治现象为认识对象来明瞭其本质，而以发见法则为目的底经验科学。""所谓政治现象，即是政府现象"，而现代政府的原动力源于政党，因此，现代政治现象，主要是政党现象；"是在各社会集团之间政权维持、获得斗争，以及随着此事而发生底社会的支配、经营过程。"②这一观点与黄开山《政治学的诸重要问题》（1932年）中关于政治学定义的论述几乎相同，而黄开山的这本书完全就是高桥清吾的『政治学の諸問題』（1927年）的汉译本。因此可以说邹敬芳对政治学定义的理解也受到了高桥清吾的影响。高桥是美国哥伦比亚大学彼尔德（C. A. Beard）的弟子，彼尔德把政治的本质看作集团的利益斗争，高桥受其影响，在《现代政治之科学的观测》（1926

① 浦薛凤：《政治学之出路：领域，因素与原理》，清华大学《社会科学》第2卷第4期，1937年7月。
② 邹敬芳：《政治学概论》，上海：会文堂新记书局1935年再版，第1—21页；《政治学原理》，上海：会文堂新记书局1937年三版，第1—25页。

年)、《政治学概论》(1930 年)等著作中提出了将政治视作
"各社会集团的力的相互斗争过程"的概念。①

　　高一涵、浦薛凤、邹敬芳对政治学概念的表述并非少数意
见,而是代表了一种时代共识。 杨幼炯注意到 20 世纪 30 年代
初的政治学与 30 年前的政治学相比,"其对象与根本概念,已
经有一种绝大的变化","以前政治学研究最重要的对象是'国
家',但是国家的观念,到了现在,大有改变。 以前认国家有
神圣的伦理的价值,现在则认定国家只是一种公共职务的表
现,与学校工厂一样,只是执行某种职务而已,并且政治学并
不仅是以'国家'为唯一研究的对象,并须注重于人民的权利
与经济问题的解决"。 此外,主权至高无上信念的动摇、现代
政治制度的改观及随之而产生的政治理论皆大异于前。②

　　尽管当时几乎任何一本政治学概论性质的书都会论述国家
的性质、国家的起源与演变、国体与政体等内容,而且大部分
学者也都主张政治学以研究国家为主。 但是,国家是抽象的,
一般是在法哲学的意义上对其进行研究,而政治是具体的、复
杂的,研究政治不仅要注重现实的实际问题,也要运用实证的
方法。 因此,政治学的研究方法也在不断地朝着实证与科学的
方向发展。 1925 年,梅里亚姆在他的一本新书中说,大体上,
1850 年之前的政治学主要是基于先验的、演绎的方法,1850 年

---

① 内田満『アメリカ政治学への視座: 早稲田政治学の形成過程』,東京: 三嶺
　　書房, 1992 年, 第 166—167 頁。
② 参见杨幼炯《政治学纲要》,上海: 中华书局 1935 年版,"自序"。

至 1900 年间的主流方法是历史的和比较的，1900 年以后至当前的趋势是观察、调查和测定，此时也开始了政治的心理学研究。[1] 当时国内的政治学学者也认识到政治学研究方法的变化趋势。杨幼炯指出，"现代政治的研究最重要的特质就是具有真实的科学性，以前的政治学者多偏重玄想与演绎的研究，而……现代政治学者大都用历史的比较底研究，一改以前笼络的抽象的研究的弊病"。[2] 吴之椿说，"政治学的将来的发展也许是要间接的"；"政治学是社会科学之一，它若是要达到一种相当可靠的程度，也必须借重于别的社会科学的努力……但除了借重别的社会科学以外，政治学更应当设法利用自然科学的发明"。[3] 还有学者强调政治思想史研究也必须捐除成见，设身置地；或将"力守客观之态度"作为叙述历史上各家思想的根本准则。[4]

中原大战后，国民党南京政府的统治趋于稳定，可以将更多的精力用于建设事业，而日本对华侵略的加剧，则使统治者更加意识到需要集中力量，加紧物质、精神等各方面建设的迫切性。20 世纪 30 年代初，南京国民政府推出了一系列行政革

---

[1] Charles E. Merriam, *New Aspects of Politics*, 2nd ed., Chicago: The University of Chicago Press, 1931, p. 49.

[2] 杨幼炯：《政治学纲要》，上海：中华书局 1935 年版，第 6—7 页。

[3] 吴之椿：《政治学与自然科学》，《清华周刊》第 41 卷第 11、12 期合刊，1934 年 7 月 1 日。

[4] 参见浦薛凤《西洋近代政治思潮》，长沙：商务印书馆 1939 年版，第 30 页；萧公权《中国政治思想史》，沈阳：辽宁教育出版社 1998 年版，"凡例"。

新措施，如考试制度的实行，预算制度的采用，省政府合署办公，行政督察专员制度的创立，实验县的设置，行政问题成为舆论关注的一个焦点，罗隆基、张忠绂、陈之迈等一批留美政治学者也从中鼓吹实用政治比形式上的政体或行政学比抽象的政治理论更为要紧，有人甚至还宣称自己"只问行政，不管主义"。① 与此同时，各处纷纷设立研究行政的学术机构，如行政院的行政效率研究会、北京大学政治系的行政研究室、中央大学的行政研究室，南开大学经济研究所也将华北地方政府及其行政作为主要研究课题。 在大学里，各校政治学系也纷纷添设或提升行政学方面的课程。 从这些学术机构以及研究者个人的研究实绩来看，普遍采取具体实在的专题研究，如"中国地方政府之特质与中央政府之控制权""监察制度及公务员惩戒机关""各省省县政府公务员职务分配及经费支配问题"等专题；研究方法有现地实习、角色体验、参观考察、文献整理和分析等多种方式。 这些研究者在大学里基本上都教授"比较政府""行政学""市政学"等相关课程，因此教学方式也不再是单纯的制度讲述，而兼及与制度连带的实际行政。 在研究对象和目标选择方面，具有本土化与实用化的特征；在方法上注重原始资料的收集与分析，借鉴与综合多学科理论和分析手段，强调客观论述。

---

① 参见罗隆基《专家政治》，《新月》第 2 卷第 2 号，1929 年 4 月 10 日；张忠绂《政治理论与行政效率》，《独立评论》第 135 号，1935 年 1 月 13 日；陈之迈《政制改革与行政效率》，《行政效率》第 3 卷第 4 期，1935 年 10 月 15 日。

　　按照科塞雷克的说法，作为一种基本的学科概念，政治学既是社会和历史发展的"表征"或"显示器"，也是能够影响历史发展的动力或"因素"之一。一战后中国政治学界关于政治学概念的表述，主流上具有从主权论向公共职务说转变的趋势，这是当时国际国内形势发展推动的结果，也是对其之反映。与此同时，受政治学概念公共行政化趋势的影响，部分国民党人基于孙中山的"管理众人之事"的"政治"定义，演绎构建三民主义政治学，企图为国民党的集权政治提供意识形态支撑，而相当多数的学院政治学人则切实地开展政治学的实证研究，包括从教学与科研方面关注本国公共行政的历史与现实。可见，概念表述于语词，更见之于行事。

第五章

唯物史观对政治学概念的重塑

在 20 世纪 20 年代至 30 年代初，张太雷、恽代英、陈启修、邓初民、傅宇芳、高尔松等早期中共党员或信仰马克思主义的知识分子先后编著（译）了一批政治学概论性质的讲义大纲或书籍，其基本概念和内容体系与当时流行的政治学明显不同，基本上都是介绍马克思、恩格斯、列宁等人论述国家、阶级、革命等问题的理论观点，或以此作为指导，诠释概念，搭建体系，构筑一套新的政治学概念。尽管其中多数是以"政治学""政治科学""新政治学"命名，极少标举"马克思主义政治学"的旗号，但是由于它们基本上属于同一类型，后人将其统称为"马克思主义政治学"。

一、唯物史观与"新社会科学运动"

五四运动后，社会改造思潮勃兴，马克思主义得到进一步传播，不仅被视为改造社会和救国的先进理论，也成为人们审视思想学术性质的指导思想。1920年9月，蔡和森致信毛泽东说，"现在世界显然为两个敌对的阶级世界，学说亦显然划了鸿沟。自柏拉图统御以来的哲学思想（人生哲学、社会哲学），显然为有产阶级的思想"，是"唯理派"，而"马克思的唯物史观，显然为无产阶级的思想"，"故我们今日研究学问，宜先把唯理观与唯物观分个清楚，才不致堕入迷阵"。① 1922年5月，中国社会主义青年团在广州举行第一次全国代表大会，由张太雷等人制定的《中国社会主义青年团与中国各团体的关系之议决案》要求团员加入各种学术研究会，"使有技术有学问的人材不为资产阶级服务而为无产阶级服务，并使学术文艺成为无产阶级化"。②

1923年4月，中国共产党人邓中夏担任上海大学校务长，瞿秋白、施存统、蔡和森、恽代英、张太雷等相继来校，讲授现代社会学、社会运动史、唯物史观等课程，使上海大学成为当时传播马克思主义社会科学的中心。与此同时，他们也很重视报刊宣传。6月15日，《新青年》改为季刊，成为中共中央理论性刊物。出任主编的瞿秋白为此撰写了《新青年之新宣言》，宣布"《新青年》当为社会科学的杂志"，主张用科学的

---

① 蔡和森：《蔡林彬给毛泽东》，《蔡和森文集》上册，北京：人民出版社2013年版，第67页。
② 《中国社会主义青年团与中国各团体的关系之议决案》，《先驱》第8号，1922年5月15日。

方法研究社会科学，以"求得解决社会问题的方法"。① 作为中国社会主义青年团机关刊物的《中国青年》也指示一般青年要注重社会科学，认为中国那时最迫切的需要是社会与国家的改造，那就非懂社会科学不可。②

1923年10月，恽代英针对报载蔡元培反对"青年口谈革命，而抛荒学业"的言论，著文反驳。在他看来，要救中国，"最要紧是研究社会科学"，而且要研究出结果，并"向前试验去"。③ 接着又连续发表《学术与救国》等多篇文章，反复申说"要救国须研究救国的学术——社会科学"。④《学生杂志》编辑杨贤江也在回答读者来信中说，"诚欲改造中国，则最所急需的，便是社会科学"，勉励青年学生"研究社会科学去救国"。⑤ 此时，正在苏联考察的北京大学教授、中共党员陈启修在写给蒋梦麟、顾孟馀等人的信中称赞苏联的"新社会科学"。⑥

瞿秋白等早期中国共产党人有关社会科学的言论，给读者留下了"你们总提倡研究社会科学"的印象，同时也使人产生

---

① 《新青年之新宣言》，《新青年季刊》第1期，1923年6月15日。

② 邓初民：《我受教育的经验和我教育的经验》，《新宇宙》创刊号，1935年1月1日。

③ 代英：《蔡元培的话不错吗？》，《中国青年》第2期，1923年10月27日。

④ 代英：《学术与救国》，《中国青年》第7期，1923年12月1日；《再论学术与救国》，《中国青年》第17期，1924年2月9日。

⑤ 《通讯》，《学生杂志》第11卷第3号，1924年3月5日。

⑥ 《陈惺农教授自苏俄来函》，《北京大学日刊》1924年3月3日；启修：《俄国的社会科学》，《中国青年》第22期，1924年3月16日。

了应该如何研究社会科学的疑惑。针对读者提出的问题，恽代英答称"与其从理论的书籍下手，不如从具体的事实下手"。① 施存统则主张研究社会科学"须先从理论着手，至少须先以理论为主"，但是"什么是最合理的社会科学的理论呢？我以为莫如马克思派的社会科学，因为只有它最能圆满解释各种社会现象"。②

瞿秋白等中国共产党人不仅提倡鼓励青年人关注和研究社会科学，他们自己也身体力行，运用马克思主义的理论和方法阐述各种社会现象，编译出版了不少新的社会科学著作。其中，1924 年上海书店出版的《社会科学讲义》就集中展示了这一时期中国共产党人的研究成果。"这是每月出版一册的定期专刊，内分'社会学''政治学''经济学''社会哲学'及各种思想史，由瞿秋白、施存统诸人执笔，其中政治学则完全以唯物辩证的立场，以论国家民族等政治上的问题"。③《社会科学讲义》其实是瞿秋白等人在上海大学社会科学系时为学生编写的教材。

随着第一次国共合作的开展，瞿秋白、恽代英、萧楚女等中共知识分子，一方面继续从事新社会科学的著述与译介，一方面进入国民党的军政系统通过合法开展军事政治教育以传播新社会科学。为了维护国共合作的局面，1925 年 11 月，中共中央提出在与国民党右派的斗争中要"变消极的不谈三民主义而为积极的

---

① 代英：《怎样研究社会科学》，《中国青年》第 23 期，1924 年 3 月 23 日。
② 存统：《略谈研究社会科学》，《中国青年》第 26 期，1924 年 4 月 12 日。
③ 杨幼炯：《当代中国政治学》，南京：胜利出版公司 1947 年版，第 50 页。

解释三民主义"，即根据国民党的一大宣言及中共的理论解释三民主义，"要多举事实，说明离开阶级斗争，便无法防止资产阶级的妥协"，无法实现三民主义。① 在此方针的指导下，瞿秋白、恽代英等在演讲、文章和讲义中既宣传三民主义，又将其与唯物史观和阶级斗争学说联系起来，如宣称"我们要研究三民主义，要实现三民主义，就应当去实行阶级斗争"等。②

1927 年国共合作破裂后，辩证唯物论得到更为广泛的传播，成为北伐后数年间中国的主要思潮，"由日本传译过来的辩证唯物论的书籍遂充斥坊间，占据着一般青年的思想了"。③ 以辩证唯物论作为理论指导的新社会科学运动随之盛行。④ 为了研究与发扬革命理论，培养革命干部和指导革命行动，在中国共产党的组织与领导下，1930 年 5 月，中国社会科学家联盟（简称"社联"）在上海成立，其主要任务是"以马克思主义的观点，分析中国及国际的政治经济，促进中国革命"，以及"有系统地领导中国的新兴社会科学运动的发展，扩大正确的马克思主义的宣传"。⑤ 社联成立后组织不断发展壮大，在北京、太原、广州等地建立了分盟，新社会科学运动得以向全国

① 中共中央文献研究室、中央档案馆编：《建党以来重要文献选编（一九二一——一九四九）》第二册，北京：中央文献出版社 2011 年版，第 600—601 页。
② 瞿秋白：《国民革命与阶级斗争》，载《瞿秋白文集：政治理论编》第 3 卷，北京：人民出版社 2013 年版，第 394 页。
③ 贺麟：《五十年来的中国哲学》，上海：上海人民出版社 2012 年版，第 73 页。
④ 钟挺秀：《研究社会科学的途径》，《学生杂志》第 18 卷第 9 号，1931 年 9 月 10 日。
⑤ 《中国社会科学家联盟纲领》，《社会科学战线》第 1 期，1930 年 9 月 15 日。

各地扩展。

二、 批判与重释：对"新政治学"的探索

所谓"新社会科学运动"，其实主要是中共知识分子在辩证唯物论的指导下对各门社会科学重新进行阐释与宣传的活动。基于经济基础决定上层建筑的马克思主义原理，他们认识到当时主流政治学的资产阶级属性，对其展开批判，并运用唯物史观关于国家、阶级等相关理论概念来重新诠释政治学。

五四运动后，随着恩格斯的《家庭、私有制和国家的起源》与列宁的《国家与革命》等马列主义理论著作的传播，陈独秀、李大钊等知识分子对国家的发生与演变、性质等问题有了新的认识。1920年，陈独秀在《谈政治》一文中宣称"近代以劳动者为财产的资本家国家"已经破产，但是不必从根本上废弃国家，因为国家只是所有者的掠夺工具，可以通过用革命的手段将其改造成劳动阶级的国家，"创造那禁止对内对外一切掠夺的政治法律"。[①] 瞿秋白曾撰文肯定泰戈尔对西方国家主义的批评，但又指出泰戈尔的国家观是唯心的，尚未认识到国家是资产阶级的统治工具。"国家的组织固然是种种罪恶的表

---

① 陈独秀：《谈政治》，《新青年》第8卷第1号，1920年9月1日。

现。 然而他并不是一个抽象的制度，他是代表一阶级的统治权。 若要反对国家，首先便应当反对那些根性上不能没有国家的阶级制度。 然后从客观的经济制度上求那怎样消灭阶级的方法，阶级消灭，国家才能消灭。"①瞿秋白还直言不讳道："建立在这阶级社会上的一切社会关系都带着阶级性……国家就是统治阶级维持其统治的工具。"②国家如此，那么国家之下的政府、法律、政策等，自然也都是阶级统治的工具。 张太雷也明确指出："在资产阶级握有政权的时候，政府便是资产阶级的工具，在专制政治时代，政府便是君主贵族的工具。 到无产阶级掌握政权的时候，政府便是工人的工具了，如'巴黎公社'。"③他们的观点明显强调国家的阶级属性，因此被称作"阶级的国家论"。④

　　陈独秀、瞿秋白等上述言论是在与当时各种政治思想派别进行论争时发表的，他们的批评对象包括实验主义、无政府主义、国家社会主义、国家主义、世界主义以及东西方文化调和论等，主要是为了宣传革命主张，而不是出于从学术上研究政治学的目的。 尽管如此，由于国家是政治学最重要的研究对象，国家观的改变必然牵涉政治学体系中与国家相关的一系列政治概念；同时，随着思想斗争的深入，也需要进一步从学理

---

① 瞿秋白:《太戈尔的国家观念与东方》,《向导》第 61 期, 1924 年 4 月 16 日。
② 瞿秋白:《对于阶级斗争的讨论》,《向导》第 146 期, 1926 年 3 月 17 日。
③ 太雷:《巴黎公社纪念日》,《人民周刊》第 6 期, 1926 年 3 月 19 日。
④ 杨幼炯:《当代中国政治学》, 南京: 胜利出版公司 1947 年版, 第 54 页。

上加以充实和回应。

1923 年 9 月，瞿秋白发表文章对关于国家定义的四要素说、有机体说，以及被张慰慈视为"政治哲学上一大革命"的"心理说的国家论"，都提出了批评。 在他看来，"国家是人类社会之一种阶级的组织"，国家的本质是阶级的支配，而政府不过是这种阶级支配的强制机关，劳农国家就是无产阶级独裁性质的政权。[①] 次年夏天，瞿秋白在上海学生联合会组织的夏令讲学会上发表了题为《社会科学概论》的演讲，其中的"政治"一章也是用辩证唯物论的观点介绍和阐述政治与国家等问题。 他说，"政治不但是阶级斗争的工具，而且是最重要的工具；阶级与政治不能相离，有阶级即有政治"；"因此，一切阶级斗争，无有不反映到政治上来的，一切政争亦无有不含阶级性的。 根本上说来，阶级斗争是争政权之斗争，目的总在于取得政权以改造经济关系"。[②]

1924 年 11 月，张太雷在上海《民国日报》副刊《觉悟》上连载的《马克思政治学》，实是翻译列宁《国家与革命》第一章的译文。 在此之前，茅盾和柯柏年据其英文版本也翻译发表了部分章节。 1918 年出版的《国家与革命》是列宁系统阐述马克思主义国家学说、无产阶级革命和无产阶级专政理论的经典

[①] 瞿秋白：《国法学与劳农政府》，《东方杂志》第 20 卷第 18 号，1923 年 9 月 25 日。

[②] 《瞿秋白文集：政治理论编》第 2 卷，北京：人民出版社 2013 年版，第 551 页。

著作。 其主要观点有：国家是阶级矛盾不可调和的产物；国家是阶级统治的机关，是一个阶级压迫其他阶级的机关；阶级消灭，国家也必然随之消灭。 张太雷翻译了关于国家的性质、国家的产生和消亡等问题的部分，而这些问题正是清末从日本传来的一般国家学或政治学原理的论述对象，可能正是在此意义上，张太雷将其命名为"马克思政治学"。 张太雷当时正在上海大学负责讲授"政治学"这门课程，或许就是用列宁的《国家与革命》作为教材。《马克思政治学》虽是译著，但创造性地提出了"马克思政治学"这一名词和概念。

1926 年 3 月，黄埔军校改组为中央军事政治学校，加强了对学生的政治教育。 据政治部主任周恩来主持制定的《中央军事政治学校政治教育大纲》规定，政治科开设的课程达到 20 种，其中就有"政治学"；另外，军官班的课程中设有"政治学概论"。《政治教育各科内容大纲》对"政治学"课程内容作了如下说明："政治学中的大问题，就是'国家存在'的问题。我们要打破'国家神圣说'，要打破'国家永久存在说'，要打破'国家为调和阶级冲突的工具说'。 反过来说，只认定国家是阶级社会政治问题中必要的东西，是这一个阶级压迫那个阶级的工具；我们只认国家是'进化线上必经的阶段'。 他的价值是相对的，不是绝对的；他的存在是暂时的，不是永久的。准此推演，可以迎刃而解，庶可免却迷信国家的危险。"[1]5 月

---

① 《中央军事政治学校政治教育大纲》，中央军事政治学校，1926 年，第 10 页。

到该校担任政治主任教官的恽代英编写的《政治学概论》应该就是当时"政治学"或"政治学概论"课程的教材。

恽代英编写的这本《政治学概论》于 1926 年 9 月由中央军事政治学校政治部印行,内分五讲,各讲标题依次为:政治、国家;国体、中央集权与地方分权;政体、人民参政的方式;人民的权利;党。可见其讲授政治学的内容已经不限于介绍马列主义的国家论,与此前瞿秋白《社会科学概论》的"政治"章以及张太雷的《马克思政治学》相比,更接近当时学院普通政治学的章节结构。恽代英称自己之所以尝试编撰这样的政治学,"只因现有各种政治学书籍,非理论太过陈腐即与本党政治学说丝毫不生关系,殊不合于本党同志研究政治之用"。可见,他所重视的主要在于理论,而形式上则不妨靠近学院普通政治学。

在《政治学概论》中,恽代英是以国民党的口吻来进行论述的,如谓"本党要建设的三民主义的国家,是要唤起……被压迫各阶级,联合起来抵抗帝国主义,铲除反动势力,以完全实现三民主义"。他虽然未直接谈马克思主义,但是强调国家的阶级属性。如谓:"自有历史(有阶级制度)以来,政治总是统治阶级(压迫阶级)之治术(治理被压迫阶级之术)。""国家是统治阶级的工具——国家机关,都是适合于用来压迫被治阶级的。""在有阶级时代,政治总是一阶级压迫别阶级之方法,决无全民政治可言。"他完全不提孙中山反对阶级斗争历史重心说,对于孙中山提出的全民政治主张则认为其只可能实现于孙氏革命程序论的宪政阶段或阶级消亡的时代——"本党的主张,最后的目的是全民政治,即是说不是一阶级压迫别阶级的政治,但这是宪政时代阶级消灭以后的事"。可以说这是将马克思主义的国家论与孙中山的政治学说巧妙糅合的暗度陈仓之举。

　　1926年10月到黄埔军校担任政治教官的萧楚女,也对既有的政治学表示不满,并对国家、政治等概念提出新的解释。在他编写的授课讲义《社会科学概论》中,对政治及其与国家、阶级的关系所作的解释是:"生产方式及为此等方式所规定的经济关系,反映而成各种社会制度。'政治',便是社会制度中的一种制度","故政治这名词,实无异就是'阶级社会的标志'。阶级发生以后,才有政治;需要政治的社会,一定是阶级的社会。到了阶级消灭之时,政治的作用,也便自然消灭——国家也便自然要以不需要而不存在;政府则将从根本上改变其'治人'的强制机关之性质而为'治物''办事'的委员会"。① 接着又对当时的政治学予以批判:"所谓'政治学'本来只是一种研究如何组织'办事机关'的方法之学。但现在一般所谓政治学,则无异典狱官所用的管囚讲义。故意违背事实和真理,强立解说(如选举权之理论,国民义务说以便收税征兵之理论)。我们若研究政治学理,应该拿出我们的眼光来,

---

① 萧楚女编述:《社会科学概论》,广州:中央军事政治学校政治部1926年版,第20—21页。

勿为资产阶级的学者所蒙蔽！"①显然，萧楚女认为政治学有阶级性质之别。

北大教授陈启修在三一八惨案发生后，离京抵穗，后又随着北伐队伍迁移至武汉，继续其宣传和教育工作。在此期间，他在中央军事政治学校讲演《革命的理论》，在国民革命军八军政治训练班讲授《革命的政治学》。关于政治学，陈启修说通常有狭义和广义两种解释，狭义"谓政治学是研究国家、政府、政策、政党的种种原理的学问"，广义"谓政治学研究法律、财政、民族、社会等问题"；"狭义的政治是抽象的，不能实用的，广义的政治学才是能实用的"；而旧有的政治学，"都是统治阶级的学者（资产阶级）掩蔽与欺骗被统治阶级（无产阶级），而不愿把政治的真面目暴露出来的东西"，"是虚伪的，是欺骗的，而决不是站在大多数民众利益需要上而产生的政治学"。

综上所述，五四运动后陈独秀、瞿秋白、恽代英、萧楚女、陈启修等中共知识分子因受马列主义政治理论影响，对西方的自由主义和议会民主制度感到失望，在与各派政治思潮论战的过程中，开始运用马克思主义的理论观点重新诠释国家、政治等概念。与此同时，他们出于教员身份和从事政治教育的需要，对当时的主流政治学也展开批判，并尝试构造一种新的

① 萧楚女编述：《社会科学概论》，广州：中央军事政治学校政治部1926年版，第26页。

政治学概念体系，为国民革命后中国马克思主义政治学概念的形成创造了条件。

三、"马克思主义政治学"概念之创述

国民革命失败后，一大批中国共产党人和左翼知识分子或云集上海或流亡日本。出于对理想信念的追求或因迫于生计，他们纷纷从事著述或译介工作，推动了辩证唯物论的传播和新社会科学的发展，从中涌现了至少十余种可以被称作马克思主义政治学概论性质的著作，包括：陈豹隐（陈启修）著《新政治学》（乐群书店，1929 年 8 月）、邓初民著《政治科学大纲》（昆仑书店，1929 年 9 月）、秦明编《政治学概论》（南强书局，1929 年 11 月）、高希圣（高尔松）编《现代政治学》（现代书局，1929 年）、高希圣（高振青）著《新政治学大纲》（平凡书局，1930 年 12 月）①、傅宇芳（傅于琛）著《马克思主义政治学教程》（长城书店，1932 年 5 月）、赵普巨编《政治学概论》（立达书局，1932 年 9 月）、田原（邓初民）著《政治学》（新时代出版社，1932 年 10 月）、周绍张著《政治学体系》（辛垦书

---

① 从"大学数字图书馆国际合作计划"（CADAL）数据库中检索到的署名高振青的《新政治学大纲》（上海社会经济学会，1930 年 12 月出版，1932 年 10 月再版）与该书内容完全一致。

店，1933 年 2 月）等。

这批著作主要运用马克思列宁主义的理论学说阐释政治学的基本概念和学术体系，其中有的宣称解释政治现象、研究政治学要将"每一论点，皆以历史及事实，溶化于马克思主义的基本原理"①，而多数并未明言其以马克思主义为指导。 以对国家的定义为例，高希圣说："国家是由阶级支配所产生的权力组织。"邓初民说："国家是一阶级支配其他阶级之机关。"周绍张说："国家是阶级统治的机关，是一个阶级压迫一个阶级的统治机关。"秦明说："国家是人类社会之一种阶级的组织。 没有阶级的时候，便没有国家……人类社会无阶级，也就无国家，将来的社会主义、阶级消灭、国家亦不能存在。"傅宇芳也主张"把国家当作人类的阶级社会之发展过程上的产物"，"从阶级社会的经济关系上去把握国家的职务"。 陈豹隐说，"政治生活就是人类关于那些为经济利益的有秩序的取得而存在的强制权力的生活"；具有强制权力的团体叫作强制团体，其中最重要的团体是国家。 只有恩格斯所主张的"阶级分化说可以比较满足的说明政治现象的发生进程"。 区分政治形态的科学的标准是经济形态，据此可将政治现象发生以来的政治形态大体上区分为奴隶政治、封建政治、资本政治或民治政治，并推断政治权力随着生产力的发展和经济形态的变化，最终会被废

---

① 傅宇芳：《马克思主义政治学教程》，上海：长城书店 1932 年版，"导言"第 4 页。

除。赵普巨认为在各种说明国家本质的学说（如神权说、民约说、理想主义说、职能说）中，"最合乎客观事实的当属阶级说了"。可见他们都是从国家的阶级属性上来理解国家的本质，而"阶级的国家论"正是马克思列宁主义最基本的政治观点。

在他们看来，国家与政治几乎是等同的，政治主要是阶级关系的表现。邓初民提出："'政治'的位置，属于社会总体构造中的上层建筑之一，而它的本质，便是一种国家组织，一种社会阶级的产物。""一阶级对于其他阶级之强力底支配底活动与现象，即是所谓政治活动与政治现象。"①傅宇芳说："人类社会经济关系中，因一阶级对于其他阶级为要保障其经济上社会上站在支配地位，而由此社会经济的自然矛盾现象中产生出来的，超越于社会关系之上的有组织的权力之统治的表现，便是'政治'。""政治关系之实质，乃是人类经济关系在发展过程中将社会关系分裂为对立的阶级关系的时候，那在经济上社会上站优越地位的阶级对于被榨取阶级或被支配阶级的一种有组织有权力的统治关系。"②因此，他们对张慰慈、高一涵等将政治视为管理公共事务的观点，很不以为然。③

认为政治现象或国家主要是阶级支配与被支配关系的表现的观点，乃是基于马克思主义关于经济基础与上层建筑的理

---

① 邓初民：《政治科学大纲》，上海：昆仑书店 1929 年 11 月再版，"自序"第 2 页。

② 傅宇芳：《马克思主义政治学教程》，上海：长城书店 1932 年版，第 11、26—27 页。

③ 周绍张：《论政治学》，《二十世纪》第 1 卷第 3 期，1931 年 5 月 1 日。

论。 邓初民说,"整个的社会,只是两大部分(下部基础与上层建筑)的合成,而表现于人类生活的,只是三种过程——社会的生活过程,政治的生活过程,精神的生活过程"。"所谓社会的生活过程,就是以生产关系社会组织为中心而经营的人与人之间关系的生活。 ……在社会构成之中,占'基础'的地位。 ……所谓政治的生活过程,就是以政治制度及法律制度为中心而经营的生活过程。 因而政治的生活过程,在社会构成之中,占'上层建筑之一'的地位,显现出来的,就是种种的法律生活,政治生活,即是一种统治形态。 所谓精神的生活过程,就是以社会的意识形态为中心而经营的生活过程。 因而精神的生活过程,在社会构成之中,是占'上层建筑之二'的地位。 这种意识形态,细分起来,则有法制上的意识形态,政治上的意识形态,宗教上的意识形态,艺术上的意识形态,哲学上的意识形态等等。 法制上的意识形态,便凝结为法律学;政治上的意识形态,便凝结为政治学;其他的意识形态也各自凝结而为各种科学。 而这些科学,自然是要受社会的'下部基础'及'上层建筑之一'所规定的。"①

正是从经济基础决定上层建筑的理论出发,这些著作几乎都认为政治学是具有阶级性的。 陈豹隐说,"一切有统系的政治学说……都是……为主张或拥护某种阶级的利益的缘故而发生出来的东西",政治学都带有阶级性,并指出资本主义政治

---

① 邓初民:《政治科学大纲》,上海:昆仑书店 1929 年 11 月再版,第 11—12 页。

学和社会主义政治学的主要区别在于："资本主义的政治学，在目前因为要想维持资本主义势力所把持着的政权的缘故，不肯研究革命的真理……社会主义的政治学却恰恰相反，他不但不隐蔽革命的真理，并且还用全力鼓吹革命。"① 傅宇芳将政治科学定义为"阐明人类底阶级社会中支配权力之运动法则，以为社会运动之指针的科学"，并据此认为布尔乔亚（资产阶级）政治学"根本上是掩饰布尔乔亚汜统治普罗列塔利亚特的政治制度的基础理论"。② 周绍张认为"一部政治学史，无非统治者压迫被统治者之方法底讨论"，"政治学底理论既是阶级的，那末它底任务，便当然是为一阶级谋利益"。③ 赵普巨说资本主义政治学与社会主义政治学的区别，近似重复陈豹隐的上述观点。 对于他们在此问题的认识，沈敬铭概括指出，"新兴科学的政治论者们"的一个共同特点是不关心"政治学上的一些繁琐哲学底问题"，"不从观念底变化以说明政治底变化"，而是"由社会经济底变化以说明政治底变化"。④

在研究方法上，这些著作者都相信只有唯物辩证法才是真正科学的方法，而当时流行的注重观察、实验和比较等实证的方法，都在他们的批评之列。 邓初民认为科学的法则，只是相对的，不是绝对的，"在未曾把握唯物辩证法以前的科学方法，

① 陈豹隐编：《新政治学》，上海：乐群书店 1929 年版，第 195、23—24 页。
② 傅宇芳：《马克思主义政治学教程》，上海：长城书店 1932 年版，第 25 页。
③ 周绍张：《政治学体系》，上海：辛垦书店 1933 年版，第 22 页。
④ 沈敬铭：《政治形态论》，上海：辛垦书店 1933 年版，第 2 页。

是旧的科学的方法……在把握了唯物辩证法以后的科学的方法，是新的科学方法"。① 只有使用唯物辩证法才能做到从现实的经济生活方面、政治的全体性上、政治的发展过程中去研究政治学。 秦明也认为政治学只有依据真正的正确的社会科学方法——唯物辩证法才能称为真正的科学。② 高尔松说，"科学社会主义的创始者们并没有用过'政治学'这样的名称，但事实上，都可以说，政治学因他们的研究，始得有了成为科学的实质。"③赵普巨称"唯物论的辩证法是研究社会科学最新的方法"，"这个方法可以说是研究社会科学（政治学自然包括在内）的最正确最根本的方法"。④ 傅宇芳则激烈批评各种流行的政治学研究方法，他称这些"布尔乔亚的方法是唯心的玄学的机械的构成其装饰品似的政治学的方法"，导致"一切布尔乔亚政治学底内容，从头至尾都是在那里叙述政治现象而以断章取义为其特点"，根本不能领悟到政治原理的科学性；而"普罗列塔利亚的政治学方法，是唯物辩证法的方法。 这种方法，是以由政治现象之整个法则之把握，而以妥实客观地吻合于事实，说明政治现象，和推决事情之将来，藉以决定和指挥政治运动的方法"。⑤

---

① 邓初民：《政治科学大纲》，上海：昆仑书店 1929 年 11 月再版，第 43 页。
② 秦明编：《政治学概论》，上海：南强书局 1932 年版，第 3—4 页。
③ 高希圣：《新政治学大纲》，上海：平凡书局 1930 年版，第 4 页。
④ 赵普巨编：《政治学概论》，北平：立达书局 1932 年版，第 30、36 页。
⑤ 傅宇芳：《马克思主义政治学教程》，上海：长城书店 1932 年版，"第二章：政治科学的方法问题"。

在他们看来，所谓"资产阶级政治学"不仅是为资产阶级服务的，而且也因为方法的缺陷而不能成为真正科学的政治学，因此是反动的伪科学。尽管他们并未统一使用"马克思主义政治学"这一称谓，其著作的章节结构、内容和概念术语也颇有差异，但是根本上都是运用马克思列宁主义的社会发展理论和国家学说对政治学概念重新进行诠释。需要指出的是，他们的著作较少注明论述的依据和引文的具体出处，但其中不少内容是根据日文版马列著作或其中文译本，邓初民在《政治科学大纲》中就承认他有关经济基础决定论的论述在理论上多根据杉山荣著、李达和钱铁如翻译的《社会科学概论》①，高希圣也曾明言他的《现代政治学》"大部分根据日本大山郁夫为普罗列塔利亚特自由大学所编《政治学》一书"翻译而来。

而在被他们视为"资产阶级政治学者"的一批学院派学者看来，运用史观编制的政治学，无论其为唯心史观还是唯物史观，都因为缺乏科学的精神与方法，并不能算作政治科学中的一派。如范用寅认为政治研究中的"历史法"与史观派的"历史解释"完全不是一回事。② 浦薛凤指出在政治思想史研究中"有牵强附会应用一项史观（无论其为自由实现论或经济支配论）以发挥所有政治学说之所以由起者"③。被胡适称赞为

---

① 邓初民：《政治科学大纲》，上海：昆仑书店 1929 年 11 月再版，第 30 页。
② 范用寅：《政治学中的历史法》，《国闻周报》第 6 卷第 34 期，1929 年 9 月 1 日。
③ 浦薛凤：《政治学之出路：领域，因素与原理》，清华大学《社会科学》第 2 卷第 4 期，1937 年 7 月。

"今日学政治的人之中的一个天才"的陈之迈特别针对史观派作了严厉的批评。他说现在中国研究社会科学的人有一种习气，在未曾收集事实之前，先去找一个立场。"这种先有成见的人，根本便不配做研究社会科学的人，他们无论如何对社会科学不会有一丝一毫有价值的贡献。""'不是唯心便是唯物'主义是最幼稚的主张。"①而邓初民则说："大凡一种学问，即是一种科学，它是否正确，……就是要看它的出发点是什么？这里所说的立场，便是在哲学上纷争了很长的期间的唯心唯物的立场。出发的立场不同，所得的结论与判断必然也不同。"②陈之迈所批评的与邓初民所提倡的恰成鲜明对比。

在中国左翼知识分子构筑马克思主义政治学概念的过程中，不仅受到学院派学者的批评，也有来自国民党阵营的攻击。如罗敦伟撰写《社会主义政治学》，一方面攻讦马克思主义政治学，一方面宣称三民主义政治学才是科学的社会主义政治学。萨孟武虽然认同国家是阶级统治的工具，但否认社会进化的根本动因是由生产力和生产关系、经济基础和上层建筑所构成的社会基本矛盾。同时，国民党当局通过制定出台《审查刊物条例》《出版法》《宣传品审查标准》等一系列法规加强思想文化管控，大量查禁书刊，查封出版社，严密监视、通缉乃至杀害涉嫌宣传马克思主义的作者，导致上述马克思主义政治

---

① 陈之迈：《研究社会科学必须先有立场吗？》，《独立评论》第 244 号，1937 年 7 月 25 日。

② 邓初民：《政治科学大纲》，上海：昆仑书店 1929 年 11 月再版，第 44 页。

学著作的出版热如同昙花一现，在 1932 年之后就很少见了，直
到解放战争后期才又出现了如傅于琛的《大众政治学》、沈志
远的《新政治学底基本问题》等著作。

结语

明末清初以降，随着西政东渐，中国人对西方政治之学已有所闻知，且有对应之模糊概念，却无"政治学"之名。直至甲午战后，"政治学"一词才出现于中文语境中，而其直接来源则是日语汉字词"政治学"。后者广泛存在于当时日本的辞书、学校教科和报刊书籍中，作为对译于西文 Policy、Politics、Politik、Staatslehre 等词汇的一种译词，于 19 世纪 80 年代开始作为伯伦知理所著之 *Politik als Wissenschaft* 的书名译名，其后那特硈在东京大学所授课程的讲义亦被翻译出版，并以"政治学"作为书名。此后"政理""政学"等译名逐渐消失，而"政治学""国家学"等名词开始盛行，其意涵主要对应于欧美的政治概论或一般国家论。

戊戌政变后尤其是随着清末新政的展开，通过梁启超以及留日学生的译介，源自日本的政治学概念日益广泛地进入国人的思想言论中，并且为政治变革提供了动力和行动指南。但是朝野各派由于各自的政治立场不同，对政治学概念的理解和运用也就出现了分歧。尽管如此，在第一次世界大战之前，国人对政治学的概念认知，主流仍以"关系于国家根本者，方足当之"，涉及诸如国家的起源、性质、功能以及主权、国体、政体等方面的论述。

一战后，西方政治学发生了革命性变化，国家论意义上的政治学衰败，重视利益集团的多元主义、管理公共事务的职能主义和关注政治过程动态变化的行为主义的政治学崛起。与此同时，以唯物史观为理论基础的阶级论政治学也风靡于世。西方政治学的变化随后通过直接、间接的渠道影响到中国，国人关于政治学的论述亦因此而变调。

纵观近代中国政治学的渊源流变，大致上可以将晚清民国时期国人对政治学概念的理解概括为四种类型，即源自本国传统的治民之学，作为一般国家学说的政治学，注重政府职能与实证研究的政治学，基于唯物史观的阶级专政之学。这四种类型各有渊源，依次兴替或同时并存，以下略加申说。

一、中学传统：带有儒家伦理色彩的治民之学

江宜桦通过统计十三经及先秦子书中"政"和"政治"的出现频次，发现前者出现 700 多次，后者只出现 15 次，其中还包括一些"政""治"连用，并非"政治"独立成词的例子。他

据此指出，在现代"政治"概念普及之前，汉语世界有"政""治""为政""从政""政事""治人"等词语，但很少使用"政""治"相连的"政治"。① 另经笔者统计，在《论语》中"政"字共出现 39 次，大概可以归纳为以下几种情形：（1）"政"作为一种事项提出，未作解释。如"夫子至于是邦也，必闻其政"（《学而》）。（2）关于"政"的本质规范。如"政者，正也。子帅以正，孰敢不正?"（《颜渊》）。（3）间接解释为"政"之道。如"叶公问政。子曰：'近者悦，远者来。'"（《子路》）。（4）从政应具备的能力与品德。如"子张问于孔子曰：'何如斯可以从政矣?'子曰：'尊五美，屏四恶，斯可以从政矣。'"（《尧曰》）。

仅从上述"政"字的四种用例来看，就可见孔子思想中的政治概念具有相当丰富的内涵，此外还有不少虽不含"政"字却表达了其政治主张的言论，如："其身正，不令而行；其身不正，虽令不从"（《子路》）；"务民之义，敬鬼神而远之，可谓知矣"（《雍也》）；"民可使由之，不可使知之"（《泰伯》）。而《论语》中"治"字出现 3 次，"政事"仅出现 1 次，与"政"字出现频次相差明显。其原因可能在于，《论语》中所讲的主要偏重道德规范和做人行事的原则，而"治"和"事"指向具体情况。《论语》中说"政者，正也"，即儒家所提倡的

---

① 江宜桦：《〈论语〉的政治概念及其特色》，《政治与社会哲学评论》第 24 期，2008 年 3 月。

中庸之道，故此语作为理解儒家政治概念的核心命题在后世儒家经典中流传深远。《说文解字·攴部》释曰："政，正也。从攴正，正亦声。"中国第一部词源学著作《释名》在《释言语》里也写道："政，正也，下所取正也。"

由于"政"字便可以表达"政治"两个字所欲表达的内涵，因此古人会觉得使用"政治"就显得重复。不过，"政""治"二字连在一起使用的情况在古籍中也不罕见，多数属于主谓词组，而作为一个合成词开始使用的，有人认为出自唐初孔颖达对《诗经》"定之方中"篇所做的疏——"此章说政治之美"；也有人认为出自《汉书·京房传》中的"显告房与张博通谋，非谤政治，归恶天子，诖误诸侯王"。从字面上看，这两例确实很像合成词，但就内涵而言未必可以表达政治概念。铃木修次就认为"此章说政治之美"中的"政治"仍然立足于主谓结构的意识，鹈泽义行则认为这里使用的"政治"带有政策的意思。铃木修次调查发现，带有乾隆十六年（1751 年）的序的通俗辞书《通俗编》卷六"政治"项目下所汇集的事实含有来自民众侧的以自己的共同力量来治理自己社会的基底意识，因而具有近代政治的含义。[①]

即便如铃木修次所说的这种兼具名词结构和政治概念内涵的"政治"在中国古代典籍中并非个例的存在，但也只能算是特例。"政"与"治"各自作为单音节词，与其他相关单音节

---

① 铃木修次『文明のことば』，広島：文化評論出版，1981 年，第 101—102 頁。

词进行组合，构成"政事""政本""治体""治法"这类偏正结构的名词更为普遍，并一直延续到清末民初。 一般认为，在儒家传统的政治概念中，"政者，正也"或"政以正民"，其目的在于"正人之不正"；"治者，理也，谓治狱也"（段玉裁注），皆以治人为本义。 在此基础上，形成了一套中华本土的政治学理，费巩、钱穆等民国学者对此已有探讨，兹不赘述。① 以治人为本义的这种传统的政治观念深入地影响了近代国人对政治学概念的理解，这在吴汝纶、蔡元培、陈黻宸、邓实、杜士珍、马叙伦、陆绍明等众多清末学人的言论中皆有体现，直到民国时期仍不乏这方面的论述，如唐文治及其门人崔龙等直接将政治学等同于儒家的性理之学。

二、 东学渊源：作为一般国家学说的政治学

近代中国的政治学是在中西文化接触碰撞的过程中逐渐产生的。 起初是以"政""政治"，后来又以"西政""政治之学"等词汇涵括或指代西方的政治、政治制度或政治思想。 甲午战后，随着政治学的名词概念和知识体系从日本输入，国人

---

① 参见《费巩文集》，杭州：浙江大学出版社 2005 年版，第 364—406 页；钱穆《中国现代学术论衡》，北京：生活·读书·新知三联书店 2001 年版，第 195—215 页。

对政治的认识开始发生重大变化。 由于日本的政治学来源渠道多元且迭代累加，所以呈现为自由民权派、国家主义派等各种学术思想流派。 面对这种情况，维新派、革命派以及清政府基于各自立场，倾向于选择对己有利的政治学。

近代日本的政治学来源于欧美，虽然基本上都以国家为主要研究对象，但在知识体系和分类观念上存在着国别差异。 户泽铁彦说，英、美、法与意等国，大体认为政治学是关于国家的科学，无所谓广义与狭义之分，而德奥是以 Politik、Politik als wissenschaft 或 Politik als lehre 等语来表示政治学，是以国家活动方面的现象为研究对象的科学的说明。① 在清末出版的一些"国法学"译本中，也有关于"政治学"概念的解释，通常是将"政治学"与"国法学"并称。 如岸崎昌、中村孝说："国家学者，就国家而言之学也。（伯伦知理尝言之）国家由诸种之规则而治，有自然之法则，有自定之法规，有道德之信仰，有政治之拘束，由此诸点而观察之方法亦异，国家学亦遂分为数类。"其中，"政治学者，论国家欲达其目的之适宜行为"。"国法学者，论有人格之国家，据自定自认之法规，对乎人民所行之权力行为也。"②

将国家视为有机体，具有动静结合的特征，并由此发展出

---

① 户泽铁彦:《政治学概论》，温互生、李致平译，上海: 民智书局 1933 年版，第 18—27 页。

② 岸崎昌、中村孝:《国法学》，张宗祥译，译书汇编社 1902 年再版，第 9、10 页。

的政治学与国法学的观点，就其在日本的传播以及对中国的影响而言，首先应该归功于加藤弘之翻译伯伦知理的《国法泛论》，其开篇就对"国法学"与"国政学"的区别与联系作了说明，而在将伯伦知理等德国学者的国家学说向日本推介的过程中起到重要作用的莫过于井上毅、罗埃斯勒（Hermann Roesler）以及独逸学协会。在独逸学协会出版的23种译著中，译自伯伦知理的就有4种以上，包括平田东助翻译的《国家论》、中根重一翻译的《政治学》，属于那特硁的也有2种，此外还有舒尔茨（H. Schulze）、施泰因（Lorenz von Stein）、罗埃斯勒等人的著述。

独逸学协会翻译出版的书目是根据1883年罗埃斯勒（外务省法律顾问）对井上毅（太政官大书记官）咨询的答议，即《政治学》和《国法学政治学国家学国理学行政学区别》选定的。在这两份被视为日本国内最初对社会科学作系统介绍的学术指南中，罗埃斯勒对政治学的不同学派及其代表性著作、何种著述适合翻译成日语，以及政治学与国家学、国法学、行政学的区别和联系等问题作出解答。罗埃斯勒说，政治学是指除了通常法律学中的现行国法之外，凡关于国家的各种学科之总称，而以普通国法即推理国法、政略学及普通国家学为主。不过，此等诸学交互错杂，甚难识别，为方便明了起见，主要依据其论述方法大致分为两种，其一是纯粹政略学，即直接论国家之学的普通国法、狭义的政略学及国家学，其二是经济学、政事经济学（Politische Economy）、财政学。又谓：国法

（Staatsrecht）者，论说国家的法律原则即关于国权（Staatsgewalt）、庶民（Untertanen）或治者与被治者之间的法律原则的总称，分别为现行国法和普通国法或性理国法两种。Politik（政治学），是指政术（Staatskunst）或政智（Staatsklugheit）之义，故为（邦）国家的组织、统御、国权使用应得最宜之原则，可分为立法、行政、司法三类，或宪法、行政两种。其原则为因实地之才智经验，或因普通国法而论定，故于后者情况下，接近于普通国法。盖 Politik 者，不仅特以法律之原则行事，而且如外交政略，谋便宜缓急。至近世，经济及理财学亦入 Politik 之内，往昔宪法 Politik，即完全以论宪法之利害得失为 Politik 之关键要点。而国家学（Staatslehre）的意思有广狭之别，广义指除现行国法之外，凡与国家有关系的学术，故又名政治学（Staatswissenschaft），狭义指单以性理学上的规则研究国家的性质、关系，在此情况下，国家学成为性法学或自然法的一部分。①

　　罗埃斯勒对政治学、国家学等概念和学派的解释是由关澄藏译成书面文字的，关澄藏在选择对应于 Politik 的汉文译词时，虽然一开始用了"政治学"，但随后的解释中就一再使用片假名的音译词"ポリチック"，也许是为了避免和当时已经开始流行的"政治学"词义混淆。虽然罗埃斯勒对"政治学""国

---

① 山室信一『法制官僚の時代—国家の設計と知の歴程』，第 406—412 頁。上文中出现的德文词汇原为日文，笔者据其读音转为德文。

家学"等概念的解释与伯伦知理的定义区分并不完全一致，不过两者大意相通，即德语中的 Staatslehre 或 Staatswissenschaft 有着广泛而复杂的内容，Politik 为其中之一主要构成部分，且与 Staatsrecht 不同。伯伦知理则以有机体比拟国家，从动静两方面的特征来把握 Politik 和 Staatsrecht，故将其区分为"国政学"与"国法学"。

虽说政治学和国家学在德国人的思维中存在着如上所说的区别，但是当时日本人对于这两个名称，"率多通用，而为广大之意"①，即基本上都是在广义上将政治学理解为关于国家的学问。高田早苗就指出，"国家学"译自德文 Staatswissenschaft，与英文所谓政治学（Political Science）相似，"大抵以集合各科学，而考国家之体用为旨"。② 当然这只是在"学"的意义上探讨国家的起源、性质、组织和作用等问题时具有相似性。如果细加分析，甚至还可以发现时人在使用这两个名称上存在着概念和词语错位的现象。如小野塚喜平次的《政治学大纲》将重心放在"政策原论"上，仍具有较为明显的德国行政学色彩，在概念意义上更接近于"国家学"。明治日本人尚且不易区分德人所谓的政治学与国家学的复杂内涵，清末国人就更加难以识别这两个概念的学源分别，且因汉字之便，常将二者混淆，如将那特硁的《国家学》译为《政治学》便是一例。

---

① 小野塚喜平次『政治学大綱』上卷，東京：博文館，1903 年，第 13 頁。
② 高田早苗讲述：《国家学原理》［版权信息不详］，第 1 页；高田早苗：《国家学原理》，嵇镜译，译书汇编发行所 1901 年版，第 1 页。

三、转向英美：注重政府职能与实证研究的政治学

　　清末从日本输入的政治学、国家学在民国初年依然是国人获取政治学概念的主要来源，而直接译介欧美政治学说的论著则越来越多，开阔了国人的知识视野。政治立场仍是决定取舍某种政治学的主要依据，对现状不满的人追求抵抗的或革命的政治学，而掌握政权者则选择保守的政治理论，袁世凯聘请古德诺、韦罗贝（W. W. Willoughby）等美国政治学家作为其政府顾问，事先当已了解到他们的政治主张符合其统治需要。古德诺来华不久，就提出中国应该实行美国式的总统制，将立法权、行政权和监察权全面集中于大总统。后又在美国政治学会年会上提出中国改革的系统方案。在这篇报告中，他提出中国不能直接照搬西方的政治体制，而应先实现总统集权，再以强权推动政治、经济等方面的改革，然后逐步过渡到真正的立宪代议制。①

　　这一时期，对中国直接介入并产生较大影响的美国政治学者表面上是古德诺，实际上芮恩施（Paul S. Reinsch）发挥了更

---

① F. J. Goodnow, "Reform in China," *The American Political Science Review*, Vol. 9, No. 2, May, 1915, pp. 211 - 222.

为积极的领导与组织作用。 他在担任驻华公使（1913 年 11 月—1919 年 8 月）期间，致力于引入美国的进步主义以推动中国的改革。 在他的提议与鼓励下，任职于北京政府外交部的严鹤龄、顾维钧等欧美留学生仿效美国政治学会于 1915 年底成立了中华政治学会。 学会有自己的专业期刊 *The Chinese Social and Political Science Review*，其体例与《美国政治学评论》相似。 由此建立了美国政治学与中国沟通的直接渠道，对清末以来主要由日本间接输入的政治学形成冲击。

第一次世界大战中，以德国、奥匈帝国为首的同盟国战败，在战争中获胜的以英法美为主的协约国一方则成为推动民主、促进国际新秩序建设的进步力量，美国的国际影响力随之迅速提升。国际局势的巨变在思想和学术上的一个重大影响是使作为绝对主义国家的理论支撑的德奥国家学成为批判和反思的对象。 与此同时，随着政治多元论和职能主义的兴起及其对国家主权学说的冲击，相当于一般国家学的英美政治学也备受质疑，被迫转型和调适，其主要趋势是发展更为广泛和真实的民主以及提高行政效率。

南京国民政府建立后，标榜"民权建设"，但在训政名义下所强调的却是有助于行政推进的政治学。 为此，国民党政府对高等学校政治学系的课程设置做出规定，其目的仅在于培养文官人才。[①] 受此影响，抗战前各大学政治学系一般都以替国家

---

① 吴其玉：《徐淑希先生和燕大政治学系》，《燕大文史资料》第 5 辑，北京：北京大学出版社 1991 年版，第 32 页。

造就行政人才为办学宗旨。 北京大学政治学系自 1931 年开始
加设行政研究课程，旨在培养行政人才。 复旦大学政治学系宣
称其设立之目的在于"培植政治外交之专门人才"和"造就国
家行政人才"。① 中山大学在戴季陶主持校务期间，将政治系
的培养目标定位于尽量培养更多的行政家，如代议制度的议
员、新闻记者等。② 中央政治学校更是以法国的政治学校
（École Libre des Sciences Politiques）为榜样，强调实际教育和
培植"共同建设的政治意识"。③ 清华大学政治学系也强调应
用人才的培养，尤为注重本国政治方面各学科及市政学，并鼓
励学生参加文官考试，以建立良好的员吏制度。④ 与政治学系
教育宗旨一致的是当时许多政治学者已经跳出抽象的价值论
争，致力于探索如何进行国家制度建设和改革行政管理，特别
是在有关县政改良问题上，发表了不少基于调查研究和实证分
析的研究成果。 而美国的政治学着重研究如何建设国家，尤其
是行政管理方面的问题。 因而，以美国政治学为导向的民国学
院政治学的展开至少在客观上适应了国民党政权的统治需要。

趋重实证和应用的政治学呼应了孙中山将政治视为"管理

---

① 《复旦大学一览》，上海：复旦大学 1930 年版，第 79 页。
② 黄福庆：《近代中国高等教育研究——国立中山大学（1924—1937）》，台北：
　　"中央研究院"近代史研究所 1988 年版，第 120 页。
③ Hsiao Tso-liang（萧作梁），"The Central Political Institute，" *The China
　　Critic*，Vol. ix，No. 11，June 13，1935，pp. 253 – 255；罗家伦：《中央政治学
　　校的使命》，《中央政治学校校刊》第 51 期，1933 年 1 月 1 日。
④ 《政治学会全体会纪略》，《国立清华大学校刊》第 602 号，1934 年 10 月 4 日。

众人之事"的定义，这也是受一战后在美国和英国政治学界迅速发展的行政学的影响。1865 年德国人施泰因出版的 *Die Verwaltungslehre* 是第一部以 "Verwaltungslehre"（日本人率先将其译作"行政学"）为书名的著作。施泰因的行政学"一方面集传统的官房学之大成，并且使之成为积极的再生，他方面又建设了可使后世法律学更臻于精密的行政法学"。"官房学"（Kameralwissenschaft）也是日语译词，它是关于"作为国家的目的又作为国家的权力的根据以幸福促进主义为主导原理的警察国的学问"，反映了重商主义在德国的影响。但市民社会的发展与个人自由主义的成长使得专制主义与个人主义之间的矛盾逐渐扩大，导致以开明专制主义为主要特征的官房学的第二阶段的产生。① 在官房学中，政策与立法作为主要关注对象，于是又从中发展出"政策学"（Verwaltungspolitik wissenschaft）。由于日本初期的行政学主要受德国的影响，所以从学问发展的序列来看，明治时代的政治学著作中关于政策论的内容更为常见，行政学则从施泰因的学说而后出，并且不如政策论常见。在英美政治学的发展序列中，有关政策的科学晚于行政学，是在二战后受行为主义的影响从行政学中分化并企图独立的学科，如同此前行政学从政治学中分化并谋求独立的情形。

---

① 蜡山政道：《行政学原论》，何炯译，桂林：青年书店 1940 年版，第 6—21 页；蜡山政道『行政学原論』，東京：日本評論社，1937 年，第 8—15 頁。

　　以施泰因为代表的德国派的行政学关注的主要是行政的法律方面，因而只能当作行政法，不是严格意义上的现代行政学。1867年，白芝浩所著《英国宪法论》一书，从政府各机关的活动研究英国的政制，首开现代行政学的研究途径。1885年，威尔逊效仿白芝浩的《议会政府》一书，是为美国学者最先注意实际行政方面的著作。两年后，他发表《行政研究》一文，更具体指示行政研究的重要性与方法。1900年，古德诺著《政治与行政》，主张政治与行政分离、行政权力集中与统一，将理性主义（Rationalism）、层级节制制度（Hierarchy）、专业精神（Professionalism）视作行政上的理想，目的在于提高行政效率。其后，韦罗贝、怀特（L. D. White）等美国著名的政治学家都继承与发挥了古德诺的思想。上述情况反映了由"权力分配及运用"的政治学研究转向"功能推进与服务"的行政学研究的趋势。① 因此，不能将抗战前主要受美国政治学影响而在中国兴起的行政学与清末从日本输入的政策学和法律学意义上的行政学混为一谈。

---

① 张金鉴：《行政学典范》，台北："中国行政学会"（中国台北）1979年重订初版，第740—741页。

四、 追效马列：构筑以唯物史观为
基础的"马克思主义政治学"

对不满于现状希望继续革命者来说，资产阶级的自由民权理论已经失灵，而政府官员和主流政治学者所提倡的"专家政治"和"行政效率"也被视为迷失了方向，他们需要新的革命类型的政治学，马克思的历史唯物主义和阶级斗争学说恰好适应这种新的需求。 因此在 20 世纪 20 年代至 30 年代初，瞿秋白、恽代英等早期中共党员积极传播辩证唯物论和阶级斗争学说，开展与推动新社会科学运动。

在此过程中，张太雷率先创出"马克思政治学"名词，用以涵括列宁《国家与革命》第一章的内容。 接着在第一次国共合作中，由中国共产党人掌控的中央军事政治学校政治部对该校"政治学"课程的教学内容确立了一个基本原则，就是要打破"国家神圣说""国家永久存在说""国家为调和阶级冲突的工具说"，只认定国家是阶级压迫的工具，其价值是相对的，存在是暂时的。 恽代英据此原则编写的讲义《政治学概论》，虽然其结构形式接近于普通政治学，并以国民党的口吻论述，但是他所强调的是阶级的国家论，指出孙中山提出的全民政治绝不可能实现于阶级时代。 同为该校政治教官的萧楚女在他编写的《社会科学概论》讲义中，也认为阶级是政治社会的标志，而"一般所谓政治学，则无异于狱官所用的管囚讲义"，因此宣称要以本阶级的眼光来研究政治学理。 为国民革命军讲授政治学的陈启修则直斥旧有的政治学都是统治阶级的学者（资产阶级）掩蔽与欺骗被统治阶级（无产阶级）的政治学，而宣称自己所讲的是"革命的政治学"。

五四运动后至国共合作期间，陈独秀、瞿秋白、恽代英、萧楚女、陈启修等中共知识分子已开始运用马克思主义的理论观点重新诠释政治、国家等概念。 国民革命后陈启修、邓初民、傅宇芳、高尔松等又先后编著（译）了一批政治学概论性质的讲义大纲或书籍，其内容基本上都是依据马列主义经典作家关于国家、阶级、革命等问题的论述，结合对流行政治学的批判，构筑了以阶级的国家论为核心的革命型政治学体系。 而阶级的国家论恰是马列主义国家概念的理论特质，从这个意义上说，这批著作都可以被称为"马克思主义政治学"，尽管只有傅宇芳公然打出了这一旗号。

然而，历来所谓"马克思主义政治学"，要么泛指马克思主义的政治理论或政治观点，要么是指马克思主义的政治理论体系，也包括后来者对马克思主义政治理论的发展和补充，如毛泽东关于新民主主义革命的论述。 但是国内外学术界对于马克思主义是否具有完整的政治学体系这一问题一直有不同的看法。 蜡山政道认为马克思主义并没有政治学，只有国家论。 王邦佐等学者则认为马克思主义有完整的政治学体系。 而在密利本德（Ralp Miliband）和赵宝煦看来，马克思主义理论中并不存在一个完整的、原生形态的政治学体系，所谓马克思主义政治学一般是指后人从构成马克思主义主体的各种论述中选取相关材料重构的概念体系。如其所言，所谓"马克思主义政治学"确有各种解释，当然其中也有一些基本的共识，包括对政治、国家、阶级、革命这些概念的理解，国民革命前后中国共产党人及左翼知识分子运用历史唯物论和辩证唯物论对政治学概念的重塑活动即这种情形的体现。

1949 年 9 月 18 日，"中国新政治学研究会筹备会"在北平成立，邓初民、钱端升、张奚若、罗隆基等"新""旧"政治学者也参与其中，但是这个新政治学研究会未能继续开展下去。1980 年中国政治学会在北京成立，当选为名誉会长的钱端升在会上发言中提及此事，他不无遗憾地说，"在那个时候，我们在学术方面由于种种原故，没有足够的勇气坚持向新的方向前进。那时，我们片面强调向苏联学习，而我们自己却没有能够独立地去探索一条新的道路。这是一件很可惋惜的事情。"[1]

---

[1] 钱端升：《钱端升学术论著自选集》，北京：北京师范学院出版社 1991 年版，第 617 页。

主要参考文献

一、中文资料

爱汉者，黄时鉴.东西洋考每月统记传.北京：中华书局，1997

岸崎昌.国法学.中村孝，张宗祥，译.东京：译书汇编社，1902年再版

巴斯蒂.中国近代国家观念溯源：关于伯伦知理《国家论》的翻译.《近代史研究》1997年第4期

北京大学，中国第一历史档案馆.京师大学堂档案选编.北京：北京大学出版社，2001

蔡和森.蔡和森文集.上册.北京：人民出版社，2013

陈豹隐.新政治学.上海：乐群书店，1929

陈之迈.研究社会科学必须先有立场吗？.《独立评论》第244号，1937年7月25日

承红磊.《清议报》所载《国家论》来源考.《史林》2015年第3期

答新民丛报社员书.《新世界学报》第8期，1902年12月14日

戴季陶. 青年之路. 上海：民智书局，1928

邓初民. 政治科学大纲. 上海：昆仑书店，1929年11月再版

邓实. 包慎伯《说储》之政治学说.《政艺通报》丙午第20号，1906年11月上半月

邓实. 顾亭林先生学说.《国粹学报》第17期，1906年6月11日

邓实. 光绪壬寅（廿八年）政艺丛书. 光绪二十九年石印本. 沈云龙，主编. 近代中国史料丛刊续编. 第27辑. 台北：文海出版社，1976年影印版

邓实. 魏默深之老子论.《政艺通报》丁未第5号，1907年3月上半月

丁文江，赵丰田. 梁启超年谱长编. 上海：上海人民出版社，1983

杜士珍. 论秦后政治家学派.《新世界学报》第2期，1902年9月16日

杜士珍. 政治思想篇.《新世界学报》第1期，1902年9月2日

方维规. 历史的概念向量. 北京：生活·读书·新知三联书

店，2021

方维规. 什么是概念史. 北京：生活·读书·新知三联书店，2020

《费巩文集》编委会. 费巩文集. 杭州：浙江大学出版社，2005

冯自由. 革命逸史. 中册. 北京：新星出版社，2009

复旦大学. 复旦大学一览. 上海：复旦大学，1930

傅宇芳. 马克思主义政治学教程. 上海：长城书店，1932

高纳. 政治学大纲. 顾敦鍒，译. 上海：世界书局，1934 年初版，1946 年再版

高田早苗. 国家学原理. 稽镜，译. 东京：译书汇编发行所1901

高希圣. 现代政治学. 上海：现代书局，1929

高希圣. 新政治学大纲. 上海：平凡书局，1930

高一涵. 研究政治学的方法.《新中国》第 1 卷第 8 期，1919 年 12 月 15 日

高一涵. 政治学纲要. 上海：神州国光社，1930

葛本仪. 现代汉语词汇学. 第 3 版. 北京：商务印书馆，2014

故宫博物院明清档案部. 清末筹备立宪档案史料. 上册. 北京：中华书局，1979

国立北京大学一览　民国二十二年度. 国立北京大学，1933

贺麟. 五十年来的中国哲学. 北京：商务印书馆，2002

胡珠生. 宋恕集. 上册. 北京：中华书局，1993

户泽铁彦.政治学概论.温互生，李致平，译.上海：民智书局，1933

黄福庆.近代中国高等教育研究——国立中山大学（1924—1937）.台北："中央研究院"近代史研究所，1988

黄遵宪.日本国志.上海：上海古籍出版社，2001

笕克彦述.国法学.熊范舆，编.上海：群益书社，1911年再版

江宜桦.《论语》的政治概念及其特色.《政治与社会哲学评论》第24期，2008年3月

《交通大学校史》撰写组.交通大学校史资料选编　第1卷1896－1927.西安：西安交通大学出版，1986

精卫.民族的国民.《民报》第1号，1905年12月8日（再版）

精卫.民族的国民.《民报》第2号，1906年5月8日（三版）

精卫.研究民族与政治关系之资料.《民报》第13号，1907年5月5日

康有为.康有为全集.第3集.姜义华，张荣华，编校.北京：中国人民大学出版社，2007

蜡山政道.行政学原论.何炯，译.桂林：青年书店，1940

赖烈.政学原论.赤坂龟次郎，译述.翻译世界社，重译.《翻译世界》第3、4期，1903年1月29日、1903年2月27日

雷瑨.中外策问大观.学术卷二.上海：砚耕山庄石印，光绪癸卯（1903）仲春

黎难秋，等.中国科学翻译史料.合肥：中国科学技术大学出版社，1996

李剑农.政治学概论.上海：商务印书馆，1934

李圣五.政治学浅说.上海：商务印书馆，1932

李提摩太.列国变通兴盛记.卷二.上海广学会，1898

梁启超，夏晓虹.《饮冰室合集》集外文.下册.北京：北京大学出版社，2005

刘光汉.西汉学术发微论序：两汉政治学发微论第一.《国粹学报》第 10 期，1905 年 11 月 16 日

刘光汉.政法学史序.《国粹学报》第 2 期，1905 年 3 月 17 日

陆绍明.政学原论.《国粹学报》第 19 期，1906 年 8 月 9 日

马西尼.现代汉语词汇的形成——十九世纪汉语外来词研究.黄河清，译.上海：汉语大词典出版社，1997

马叙伦.孔氏政治学拾微.《国粹学报》第 13、15、17、18、21、26 期，1906 年 2 月 13 日、1906 年 4 月 13 日、1906 年 6 月 11 日、1906 年 7 月 11 日、1906 年 10 月 7 日、1907 年 3 月 4 日

麦都思.地理便童略传.马六甲印刷所，1819

那特硁.政治学.上卷.国家编.冯自由，译.上海：广智书局，1902

浦薛凤.西洋近代政治思潮.长沙：商务印书馆，1939

浦薛凤.政治学之出路：领域，因素与原理.清华大学《社会科学》第2卷第4期，1937年7月

戚学民.严复《政治讲义》研究.北京：人民出版社，2014

启修.俄国的社会科学.《中国青年》第22期，1924年3月16日

钱端升.钱端升学术论著自选集.北京：北京师范学院出版社，1991

钱端升.政治学.《清华周刊》第363、366期，1925年12月11日、1926年1月1日

钱基博.国学必读.上册.长春：吉林人民出版社，2012

钱穆.中国现代学术论衡.北京：生活·读书·新知三联书店，2001

秦明.政治学概论.上海：南强书局，1932

清华大学国学研究院，中华书局编辑部.梁任公先生年谱长编稿本.第5册.北京：中华书局，2015

璩鑫圭，唐良炎.中国近代教育史资料汇编——学制演变.上海：上海教育出版社，1991

瞿秋白.瞿秋白文集.政治理论编.北京：人民出版社，2013

桑兵.求其是与求其古：傅斯年《性命古训辨证》的方法启示.《中国文化》2009年第1期

桑兵.循名责实与集二千年于一线——名词概念研究的偏向及其途辙.《学术研究》2015年第3期

沈敬铭.政治形态论.上海：辛垦书店，1933

石云艳. 梁启超与日本. 天津：天津人民出版社，2005

市岛谦吉. 政治原论. 麦曼荪，译. 上海：广智书局，1902

手岛邦夫. 日本明治初期英语日译研究——启蒙思想家西周的汉字新造词. 刘家鑫，编译. 北京：中央编译出版社，2013

舒新城. 近代中国教育史料. 第 2 册. 上海：中华书局，1928

斯特凡·约尔丹. 历史科学基本概念辞典. 孟钟捷，译. 北京：北京大学出版社，2012

孙宏云. 中国现代政治学的展开——清华政治学系的早期发展（1926－1937）. 杭州：浙江古籍出版社，2020

孙江，刘建辉. 亚洲概念史研究. 第 1 卷. 北京：商务印书馆，2018

孙江. 重审中国的"近代"：在思想与社会之间. 北京：社会科学文献出版社，2018

孙青. 晚清之"西政"东渐及本土回应. 上海：上海世纪出版集团，2009

汪征鲁，等. 严复全集. 福州：福建教育出版社，2014

王栻. 严复集. 北京：中华书局，1986

王世杰. 职业代表主义.《国立北京大学社会科学季刊》第 5 卷第 1、2 期合刊，1930 年 1—6 月

王宪明. 语言、翻译与政治：严复译《社会通诠》研究. 北京：北京大学出版社，2005

王学珍，郭建荣. 北京大学史料　第一卷（1898—1911）. 北京：北京大学出版社，2000

威尔逊，高田早苗，章起渭.政治泛论.上册.上海：商务印书馆，1913

邬国义.《民约通义》——上海大同译书局初刊本的新发现及其意义.《中华文史论丛》2021年第2期

吴敬恒.以政学治非政学.《太平洋》第1卷第2号，1917年4月1日

吴其玉.徐淑希先生和燕大政治学系.燕大文史资料.第5辑.北京大学出版社，1991

吴汝纶，施培毅，徐寿凯.吴汝纶全集.合肥：黄山书社，2002

吴之椿.政治学与自然科学.《清华周刊》第41卷第11、12期合刊，1934年7月1日

狭间直树.梁启超笔下的谭嗣同.《文史哲》2004年第1期

狭间直树.梁启超·明治日本·西方.北京：社会科学文献出版社，2001

狭间直树.日本早期的亚洲主义.张雯，译.北京：北京大学出版社，2017

夏征农，陈至立.辞海.第六版彩图本.上海：上海辞书出版社，2009

萧楚女.社会科学概论.广州：中央军事政治学校政治部，1926

萧公权.中国政治思想史.沈阳：辽宁教育出版社，1998

啸天子.古政述微.《国粹学报》第1期，1905年2月23日

熊月之. 西学东渐与晚清社会. 北京：中国人民大学出版社，2010

杨廷栋. 政治学教科书. 上海：作新社，1902

杨幼炯. 当代中国政治学. 南京：胜利出版公司，1947

杨幼炯. 政治学纲要. 上海：中华书局，1935 年初版，1938 年再版

叶龙彦. 清末民初之法政学堂（1905—1919）. 台北：中国文化大学史学研究所博士论文，1974

饮冰. 开明专制论.《新民丛报》第 75 号，1906 年 2 月 23 日

饮冰. 申论种族革命与政治革命之得失.《新民丛报》第 76 号，1906 年 3 月 9 日

永井惟直. 政治泛论.《翻译世界》第 1、2、3、4 期，1902 年 11 月 30 日、1902 年 12 月 30 日、1903 年 1 月 29 日、1903 年 2 月 27 日

喻长霖. 惺諟斋初稿. 宣统辛亥孟秋再版

张金鉴. 行政学典范. 台北："中国行政学会"（中国台北）1979 年重订初版

张静庐. 中国近代出版史料初编. 上海：群联出版社，1954

张静庐. 中国近代出版史料二编. 上海：群联出版社，1954

张君劢. 政治学之改造.《东方杂志》第 21 卷第 1 号，1924 年 1 月 10 日

张朋园. 梁启超与清季革命. 台北："中央研究院"近代史研

究所，1982

张慰慈. 政治学大纲. 上海：商务印书馆，1923

《张謇全集》编纂委员会. 张謇全集. 第 4 册. 上海：上海辞书出版社，2012

章士钊. 联业救国论. 上海：商务印书馆，1922

章士钊. 章士钊全集. 第 3 卷. 上海：文汇出版社，2000

张奚若. 主权论沿革.《政治学报》第 1 卷第 1 期，1919 年12 月

张一湖. 政学与非政学——致太平洋记者.《太平洋》第 1卷第 3 号，1917 年 5 月 1 日

赵宝煦. 中国政治学百年历程.《东南学术》2000 年第 2 期

中国蔡元培研究会. 蔡元培全集. 第 1 卷. 杭州：浙江教育出版社，1997

中国第二历史档案馆. 中华民国史档案资料汇编. 第五辑第一编 教育（一）. 南京：江苏古籍出版社，1994

中国第二历史档案馆. 中华民国史档案资料汇编. 第五辑第一编 文化（一）. 南京：江苏古籍出版社，1994

中国第一历史档案馆. 光绪宣统两朝上谕档. 桂林：广西师范大学出版社，1996

中国之新民. 政治学学理摭言.《新民丛报》第 15、18 号，1902 年 9 月 2 日、1902 年 10 月 16 日

中央军事政治学校政治教育大纲. 中央军事政治学校，1926

中共中央文献研究室，中央档案馆. 建党以来重要文献选编

（一九二一——一九四九）. 第二册. 北京：中央文献出版社，2011

钟叔河. 刘锡鸿·英轺私记　张德彝·随使英俄记. 长沙：岳麓书社，1986

周佳荣. 言论界之骄子：梁启超与新民丛报. 香港：中华书局，2005

周绍张. 政治学体系. 上海：辛垦书店，1933

朱有瓛. 中国近代学制史料. 第 1 辑下册. 上海：华东师范大学出版社，1986

邹敬芳. 政治学概论. 上海：会文堂新记书局，1935

邹敬芳. 政治学原理. 上海：会文堂新记书局，1937

邹振环. 西方传教士与晚清西史东渐：以 1815 至 1900 年西方历史译著的传播与影响为中心. 上海：上海古籍出版社，2007

左松涛. 辛亥革命史事长编. 第 5 册. 武汉：武汉出版社，2011

二、外文资料

A New Pocket Dictionary of the English and Dutch Languages, Leipsic：Otto Holtze, 1878

Albert Somit and Joseph Tanenhaus, *The Development of American Political Science：From Burgess to Behavioralism*, Boston：Allyn and Bacon, 1967

Chang Hsi - t'ung, "The Earliest Phase of the Introduction

of Western Political Science into China," *Yenching Journal of Social Studies*, Vol. 5, No. 1, July, 1950

Charles E. Merriam, *New Aspects of Politics*, 2nd ed. , Chicago: The University of Chicago Press, 1931

Charles Nordhoff, *Politics for Young Americans*, Harper & Brothers, 1875

H. Picard, *A New Pocket Dictionary of the English and Dutch Languages*, 2nd ed. , Zalt‐Bommel: John Noman & Son. , 1857

Gabriel Lemaire, *Dictionnaire de poche français-chinois, suivi d'un dictionnaire technique des mots usités à l'arsenal de Fou-Tcheou*, Shanghai: American Presbyterian Mission Press, 1874

J. W. Garner, *Political Science and Government*, New York: American Book Company, 1928

Ki Chiu Kwong, *An English and Chinese Dictionary*, Shanghai: Wah Cheung etc. , 1887

R. G. Gettell, *Introduction to Political Science*, New York: Ginn and Company, 1910, 1922(Rev. ed.)

Robert Morrison, *A Dictionary of the Chinese Language, in Three Parts*, Part III, London: Black, Parbury, & Allen, 1822

S. C. Chang, *Chinese Politics and Professionalism*, 1921

Tam Tat Hin, *An English and Chinese Dictionary with*

English Meaning or Expression for Every English Word, 3rd ed. ,香港：文裕堂书局,1897

W. W. Willoughby and Lindsay Rogers, *An Introduction to the Problem of Government*, New York：Doubleday, Page & Company, 1921

W. W. Willoughby, *An Examination of the Nature of the State*, New York：Macmillan and Co. , 1896

Wilhelm Lobscheid, *English and Chinese Dictionary*, *with the Punti and Mandarin Pronunciation*, Part 3, Hong Kong：The "Daily Press" Office,1868

Woodrow Wilson , *The State*：*Elements of Historical and Practical Politics*, Rev. ed. , D. C.：Heath & Co. , Publishers, 1898

『遣欧学徒ヲ選挙スルノ議』［書写資料］（刊行年不明），收在"大隈重信关系文书"，早稻田大学图书馆藏资料，i14_a4251

F. ハルマ（Francois Halma）原著、稲村三伯訳編『江戸ハルマ』，1796

ウッドロオ・ウィルソン『政治汎論』，高田早苗訳，東京專門学校出版部，1895

ラートゲン講述『政治学』，山崎哲蔵、李家隆介訳述，東京：明法堂，1892

ロプシャイト（W. Lobscheid）原著，津田仙等译，中村敬宇校正『英華和訳字典』，東京：山内輹出版，1879

安世舟「明治初期におけるドイツ国家思想の受容に関する一考察－－ブルンチュリと加藤弘之を中心として」，日本政治学会編『年報政治學』第26巻，1976年3月

加藤照麿 等編『加藤弘之講論集』第4冊，東京：敬業社，1899

吉村正『政治科学の先駆者たち：早稲田政治学派の源流』，東京：サイマル出版会，1982

行徳永孝 編訳『独和字書大全』，東京：金原寅作，1890

高橋新吉、前田献吉、前田正名編『改正増補 和訳英辞書』（*An English－Japanese Dictionary*），Shanghai：American Presbyterian Mission Press，1869

高田早苗「政治学と政治」，『早稲田学報』第508号，1937年6月10日

山口静一編著『フェノロサ英文著作集成（Ernest Francisco Fenollosa：Published Writings in English）』，非卖品

山室信一『法制官僚の時代－国家の設計と知の歴程』，東京：木鐸社，2005

山本松次郎編『袖珍字語譯囊』，長崎：出藍社，1872

柴田昌吉、子安峻編『英和字彙　附音插図』，横浜：日就社，1873

尺振八訳『明治英和字典』，東京：六合館，1887

小田篠次郎、藤井三、櫻井勇作編『字和袖珍字書』，東京：學半社，1872

小野塚喜平次『政治学大綱』上巻，東京：博文館，1903

松本三之介、山室信一校注『日本近代思想大系 10 学問と知識人』，東京：岩波書店，1992

大久保利謙編『西周全集』第 2 巻，東京：宗高書房，1961

大久保利謙編『西周全集』第 4 巻，東京：宗高書房，1981

大塚桂『近代日本の政治学者群像―政治概念論争をめぐって―』，東京：勁草書房，2001

大槻如電編『新撰洋学年表』，大槻茂雄，1927

道氏訳、桂川甫周等校訂『和蘭字彙』，日本橋通(江戸)，1858

内田満『アメリカ政治学への視座：早稲田政治学の形成過程』，東京：三嶺書房，1992

内田満『早稲田政治学史研究―もう一つの日本政治学史』，東京：東信堂，2007

風祭甚三郎 編訳『独和字彙』，東京：後学堂，1887 年 2 月

堀達之助『英和対訳袖珍辞書』，江戸（洋書調所），1862

堀達之助『改正増補英和対訳袖珍辞書』，蔵田屋清右衞門，1867

鈴木修次『文明のことば』，広島：文化評論出版，1981

蝋山政道『日本における近代政治学の発達』，東京：新泉社，1970

蝋山政道『行政学原論』，東京：日本評論社，1937

藤林泰助（普山）『訳鍵』，京都，1810

澤田次郎「少年期の徳富蘇峰とアメリカ――1863～1880 年」『同志社アメリカ研究』第 39 号，2003 年 3 月 20 日

后记

承蒙孙江教授提携，让我承担"政治学"这一基础概念的写作。最初没听明白，以为是写"政治"概念，因为已有近6万字的现成稿子，于是腼颜接下。接过出版合同，方知须写"政治学"，自忖学力不足，更加惴惴不安。

政治学是一种既古老而又近代化的知识集合，混沌不清，何处是边界，难以捉摸，自古以来便诸家蜂起，异说纷纭。如果仅以词语作为入口，勾连概念，难免主观裁断与后出之见；但是不从词语切入，又如何能在海量的历史资料中提炼和把握多元歧出的政治学概念及其历史演进脉络呢？不仅如此，就连什么是概念史也不甚了解。思虑万千，竟然不知何从下笔。与其勉为其难，不如迂回行事。于是一面学习方维规、孙江、桑兵等诸先生有关概念史的论述和研究案例，一面研读近代中外文献史料，扩充近代政治学史事长编，乃渐有所得，形成了写作本书的基本思路和方法。

关于拙稿的研究思路与写作方法，于"前言"中已有交代。 概言之，一方面如桑兵先生所说，当"探究历史以把握概念"；另一方面，也难免要由词语进入概念，并沿着概念考察其施之于历史的影响。 也即在历史（事实）、概念与词语三者之间，尝试进行综合的分析，力求在贯通史事的前提下叙说近代人物和政派对政治学概念的各种理解及其行动取向。

本书从酝酿到完稿，经历了较长时间。 其间，新冠肺炎疫情绵延，俄乌战局胶着，舆论场上众声喧哗。 每当我想逃避政治话题时，却无往不在政治之中；而当我关心政治时，政治又总是模糊不清。 常常面对屏幕，思绪游荡，想着一些无能为力或遥不可及之事，却不着一字。 因此一再拖延时日，迟迟不能交稿。 幸得孙江教授以及出版社方面的包容，王瀚浩博士则居中联络，编辑曾偲女士和王暮涵女士为拙稿的修改提供了不少有益的建议，在此一并致以诚挚的谢意。

拙稿虽已杀青，但因才疏识浅，自觉不甚满意，权当抛砖引玉，敬祈读者批评指正。

孙宏云

2024 年 5 月

学衡尔雅文库书目

已出版书目（按书名音序排列）

《法治》 李晓东 著

《封建》 冯天瑜 著

《功利主义》 李青 著

《国民性》 李冬木 著

《国语》 王东杰 著

《科学》 沈国威 著

《人种》 孙江 著

《政治学》 孙宏云 著

即将出版书目（按书名音序排列）

《帝国主义》 王瀚浩 著

《美术》 李冰楠 著

《平等》 邱伟云 著

《实用主义》 李青 著

待出版书目（按书名音序排列）

《白话》 孙青 著

《共产主义》 王楠 著

《共和》 李恭忠 著

《国际主义》 宋逸炜 著

《国民／人民》 沈松侨 著

《国名》 孙建军 著

《进化／进步》 沈国威 著

《历史学》 黄东兰 孙江 著

《领土》 于京东 著

《迷信》 沈洁 著

《民间》 袁先欣 著

《民俗》 王晓葵 著

《启蒙》 陈建守 著

《群众》 李里峰 著

《人道主义》 章可 著

《社会》 李恭忠 著

《社会主义》 郑雪君 著

《卫生》 张仲民 著

《文学》 陈力卫 著

《无政府主义》 葛银丽 著

《现代化》 黄兴涛 著

《幸福》 谭笑 著

《修辞》 林少阳 著

《营养》 刘超 著

《友爱》 孙江 著

《知识》 沈国威 著

《资产阶级》 徐天娜 著

《自治》 黄东兰 著

（待出版书目仍在不断扩充中）